软土地区矩形顶管法
建设地铁车站设计关键技术

张中杰　陈锦剑　吕培林　著

机械工业出版社

本书结合上海市轨道交通14号线静安寺站工程设计实践经验和科研攻关成果编写而成。全书共7章，包括：绪论、软土地区车站非开挖施工方法的适用性研究、矩形顶管法车站建筑形式研究、大断面顶管管节设计关键技术研究、矩形顶管法车站系列实施技术研究、矩形顶管法车站结构抗震安全性研究、示范工程应用和实施效果。本书内容全面，结合工程实例，全面阐述了软土地区矩形顶管法建设地铁车站的设计分析、施工技术和实施效果，具有较高的指导性和可操作性。

本书可供地铁和城市地下空间等领域的教学和科研人员参考使用。

图书在版编目（CIP）数据

软土地区矩形顶管法建设地铁车站设计关键技术/张中杰，陈锦剑，吕培林著.—北京：机械工业出版社，2022.7
ISBN 978-7-111-70841-4

Ⅰ.①软… Ⅱ.①张…②陈…③吕… Ⅲ.①软土地区-地下铁道车站-建筑设计-顶进法施工 Ⅳ.①U231.4

中国版本图书馆 CIP 数据核字（2022）第 088325 号

机械工业出版社（北京市百万庄大街22号　邮政编码100037）
策划编辑：李　帅　　　　　责任编辑：李　帅　舒　宜
责任校对：张　征　王明欣　封面设计：张　静
责任印制：邸　敏
三河市国英印务有限公司印刷
2022年9月第1版第1次印刷
169mm×239mm・11 印张・200 千字
标准书号：ISBN 978-7-111-70841-4
定价：49.00元

电话服务　　　　　　　　　网络服务
客服电话：010-88361066　　机　工　官　网：www.cmpbook.com
　　　　　010-88379833　　机　工　官　博：weibo.com/cmp1952
　　　　　010-68326294　　金　书　网：www.golden-book.com
封底无防伪标均为盗版　　机工教育服务网：www.cmpedu.com

序

  实现碳达峰和碳中和,是以习近平同志为核心的党中央统筹国内、国际两个大局做出的重大战略决策,意义重大、影响深远。实现"双碳"目标是一场广泛而深刻的变革,是一项复杂工程和长期任务。处理好发展和减排的关系,推进低碳建设技术是城市轨道交通绿色发展的主要挑战和机遇。

  当前,随着城市化发展,轨道交通建设的周边环境越来越复杂,尤其是在大城市的中心城区,面对高楼林立、管线密布、车流量大等复杂环境,明挖法建设地铁车站面临越来越多的环境控制问题。同时,以上海为代表的沿江沿海地区,软土地层深厚、承载力低、压缩性大、地下水位高,如何在这些地区通过暗挖法建设地铁车站,解决土体软弱和复杂环境等问题,已成为地下工程行业发展的新课题,也是轨道交通建设期实现"双碳"目标的重要发展方向。《软土地区矩形顶管法建设地铁车站设计关键技术》正是为适应这种发展趋势而编著的。

  本书结合上海市轨道交通 14 号线静安寺站工程,对软土地区车站非开挖施工方法的适用性、矩形顶管法车站建筑形式、大断面顶管管节设计关键技术、矩形顶管法车站系列实施技术、矩形顶管法车站结构抗震安全性进行了系统研究,并分析介绍了工程应用情况和实施效果,对软土地区采用矩形顶管法建设地铁车站具有很好的指导借鉴价值。

  本书作者长期活跃在轨道交通设计研究工作的第一线,在地下工程软土暗挖建设方面积累了丰富的经验。本书是他们多年探索实践和技术创新的系统总结,相信书中分享的新理念与新技术,能为"双碳"背景下轨道交通和地下工程建设的技术发展做出新的贡献。

中国工程院院士、俄罗斯工程院外籍院士 陈湘生
2022 年 5 月 20 日

前言

　　地下空间的开发利用是解决土地资源紧张、交通拥堵,拓展城市空间和缓解环境恶化的最有效途径之一,也是人类社会和经济实现可持续发展、建设资源节约型和环境友好型社会的重要途径。当前,地下空间规模越来越大,环境越来越复杂,明挖法在中心城区越来越难以实施,所以暗挖法建设地下空间需求越来越迫切。但在软土地区,土体含水量大、压缩性高、承载力低,暗挖难度高,通过暗挖法建设大断面地下空间更是鲜有先例。顶管法作为一种暗挖法技术,具有地面交通零影响、占地规模小等优点。利用顶管群建设大断面地下空间就是在软土地区暗挖法建设的探索之一。

　　作者基于上海市轨道交通14号线静安寺站工程设计实践和科研攻关,在总结设计方案和研究成果的基础上编写了本书。本书以世界上首个大断面顶管技术地铁建设工程设计为主线,重点阐述了静安寺站矩形顶管法设计的全过程及相关研究成果,主要内容包括软土地区车站非开挖施工方法的适用性研究、矩形顶管法车站建筑形式研究、大断面顶管管节设计关键技术研究、矩形顶管法车站系列实施技术研究、矩形顶管法车站结构抗震安全性研究等。

　　本书的编写得到相关人士的大力帮助,其中袁勇、潘伟强、黄爱军、刘书、王浩然、俞剑、王春凯、赵斌和乔方人参与了部分资料和计算结果的整理工作,在此谨致以诚挚的谢意!

　　本书的完成同时得到了上海申通地铁集团有限公司、上海市城市建设设计研究总院(集团)有限公司、上海隧道工程有限公司、上海交通大学、同济大学等单位的支持,在此表示衷心的感谢!

　　本书融入了作者多年的工作积累,为推动在软土地区采用矩形顶管法建设地铁车站起到了抛砖引玉的作用。由于作者的工程经历及学术水平有限,书中疏漏及不当之处在所难免,敬请广大读者不吝指正。

作　者

目录

序

前言

第1章 绪论 ·· 1

第2章 软土地区车站非开挖施工方法的适用性研究 ············ 6
  2.1 非开挖施工方法的发展及研究现状 ························ 6
    2.1.1 暗挖法 ·· 6
    2.1.2 管幕法 ·· 8
    2.1.3 盾构法 ·· 11
    2.1.4 顶管法 ·· 13
    2.1.5 其他非开挖工法 ······································ 14
  2.2 上海市轨道交通的非开挖探索 ······························ 16
  2.3 各类暗挖工法的适应性分析 ································· 16
    2.3.1 静安寺车站暗挖法施工段 ··························· 16
    2.3.2 各类工法的综合比较 ································ 18
    2.3.3 盾构法与顶管法比选 ································ 21
    2.3.4 盾构管片结构与复合顶管结构形式比选 ·········· 24

第3章 矩形顶管法车站建筑形式研究 ·································· 42
  3.1 车站设计客流及建筑组成 ···································· 42
  3.2 顶管暗挖段长度的确定 ······································ 44
  3.3 站台宽度的确定 ··· 45
  3.4 站台通道断面的确定 ··· 46
  3.5 车站分层平面设计研究 ······································ 47
    3.5.1 站厅层（地下一层）设计 ··························· 47

	3.5.2 设备层（地下二层）设计	48
	3.5.3 站台层（地下三层）设计	49
3.6	顶管暗挖段建筑竖向设计研究	49
3.7	车站防灾设计研究	50
	3.7.1 防火分区	50
	3.7.2 防烟分区	51
	3.7.3 消防分区	51
	3.7.4 人防分区	51
	3.7.5 防涝处理	51
3.8	换乘方式研究	51

第 4 章 大断面顶管管节设计关键技术研究 53

4.1	大断面顶管结构断面设计及材料选择	53
	4.1.1 横断面宽度和高度	53
	4.1.2 管节材料选择	55
4.2	大断面顶管管节分块设计	57
4.3	大断面顶管复合管节加劲肋优化	59
	4.3.1 加劲肋开孔	59
	4.3.2 前端部加劲肋加强	63
4.4	大断面顶管复合管节防腐关键技术研究	67
	4.4.1 钢顶管及复合顶管防腐研究现状	68
	4.4.2 防腐方法在顶管暗挖车站中适应性分析	72
4.5	复合管节接缝防水性能研究	74
	4.5.1 管片接缝密封垫片设计指标	74
	4.5.2 弹性橡胶密封垫的防水机理	75
	4.5.3 橡胶密封垫断面数值分析	76
	4.5.4 管节接缝防水构造设计	79

第 5 章 矩形顶管法车站系列实施技术研究 80

5.1	车站差异沉降的控制措施	80
	5.1.1 变形缝设置及接口设计	80
	5.1.2 钢-混凝土完全抗剪连接设计	82
	5.1.3 纵向不均匀隆沉条件下顶管结构受力分析	88
5.2	大断面、小间距顶管施工的环境影响分析及对策研究	94
	5.2.1 钢顶管施工阶段三维数值模型及计算工况	94

5.2.2　顶管先后顶进的相互影响分析 ………………………………… 99
  5.2.3　多次顶管顶进对高架桥的影响分析 …………………………… 109
  5.2.4　多次顶管顶进对地表土体变形的影响分析 …………………… 113
  5.2.5　设计值与计算值比较 …………………………………………… 115
 5.3　大断面顶管群工作井结构设计关键技术 ………………………………… 117
  5.3.1　设计难点分析 …………………………………………………… 117
  5.3.2　限制条件及结构设计方案 ……………………………………… 117
  5.3.3　有限元计算与分析 ……………………………………………… 119

第6章　矩形顶管法车站结构抗震安全性研究 ……………………………… 122
 6.1　有限元计算模型及参数 …………………………………………………… 122
  6.1.1　土体的计算范围及人工边界条件 ……………………………… 122
  6.1.2　单元类型及网格划分 …………………………………………… 123
  6.1.3　材料模型及阻尼模型 …………………………………………… 123
  6.1.4　输入地震动 ……………………………………………………… 124
 6.2　设防地震下车站结构地震响应 …………………………………………… 124
  6.2.1　顶管结构的动力响应 …………………………………………… 124
  6.2.2　两端框架结构的地震响应 ……………………………………… 128
 6.3　不同地震动方向对结构响应的影响 ……………………………………… 132
  6.3.1　地震动选取 ……………………………………………………… 132
  6.3.2　结构的内力响应 ………………………………………………… 132
  6.3.3　结构的位移响应 ………………………………………………… 140
 6.4　不同地震动特性对结构响应的影响 ……………………………………… 142
  6.4.1　地震动选取 ……………………………………………………… 142
  6.4.2　结构的内力响应 ………………………………………………… 144
  6.4.3　结构的位移响应 ………………………………………………… 147
 6.5　不同连接方式对结构响应的影响 ………………………………………… 150
  6.5.1　柔性连接模型 …………………………………………………… 150
  6.5.2　变形缝模型 ……………………………………………………… 156

第7章　示范工程应用和实施效果 …………………………………………… 162

参考文献 …………………………………………………………………………… 166

第 1 章 绪 论

近年来，上海的轨道交通建设飞速发展。截至 2021 年 12 月，上海已建成运营线路 20 条，设车站 508 座，运营里程达 831km，已形成世界范围内线路最长的城市轨道交通系统。

上海是典型的沿海冲击平原地区，地下水位高，土体强度低，开挖面自立性差，传统的轨道交通车站建设需要在市政道路下进行开挖修建，在淮海路、华山路、四平路等城市主干道及邻近商圈建设地铁车站时，对道路交通、地下管线、周边建筑、商业环境造成了很大的负面影响。"十四五"期间上海将新建 250km 的轨道交通，那么如何突破传统的施工工艺，以更环保的非开挖方式建设地铁车站成为迫切需要研究的课题。

国内外采用暗挖法修建地铁车站的施工方法主要有浅埋暗挖法、管幕法、盾构法、洞桩法等。我国北京、沈阳、广州、深圳等城市都曾在岩石、硬土地层中以暗挖法建设地铁的实践，然而目前还没有在高水位饱和软土地层中进行非开挖地铁车站施工的先例。

作者依托上海市轨道交通 14 号线静安寺站的建设展开软土富水地区暗挖车站的设计与施工研究。静安寺商圈地处上海市中部，是上海总体规划中"四街四城"和全市四大商务中心区之一（见图 1-1）。轨道交通 2、7、14 号线 3 条线路环绕静安公园形成换乘枢纽，是上海轨道交通网络中重要的换乘节点（见图 1-2）。其中，已建轨道交通 2 号线车站（地下 2 层）沿南京西路布设，7 号线车站（地下 3 层）沿常德路布设，两线通过越洋广场实现通道换乘。拟建 14 号线静安寺站为地下 3 层岛式车站，位于华山路与延安中路交叉路口的华山路下方，沿华山路呈南北向布置，站台中心处顶板覆土约 3m，底板埋深约 24m，站台宽度为 13m，共设 6 个出入口，3 组风井。

静安寺站拟建场地地势平坦，为长江三角洲下游滨海平原地貌，在深度 70m 范围内的地基土均为第四纪松散沉积物，主要由饱和黏性土、粉性土以及砂土组成,其中,静安寺站开挖范围内普遍分布的第③层淤泥质粉质黏土、第④层淤泥质黏土、第⑤$_1$层灰色黏土等,强度低、压缩性高,并均具有明显触变特性、流变特性,在动力作用下土体结构极易破坏,且场地地下水资源丰富,属于典型的软土富水地区。

图 1-1　静安寺区域

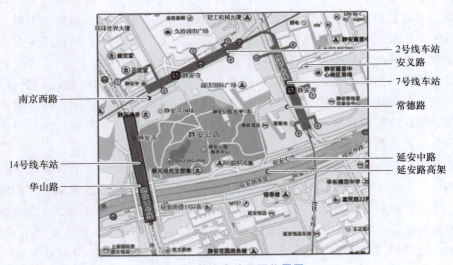

图 1-2　静安寺站平面位置图

华山路、延安中路是城市重要的主干道,延安路上方为城市快速路——延安高架路,交通流量巨大(见图 1-3)。站址范围地下管线众多,沿华山路方向管线共有 30 根,沿延安路方向管线有 24 根,包括搬迁难度较大的 10 组各种孔数的信息光缆、12 组高压供电电缆、$\phi1000mm$ 给水干管、$\phi1200mm$、$\phi1000mm$ 雨水干管。

第 1 章 绪 论

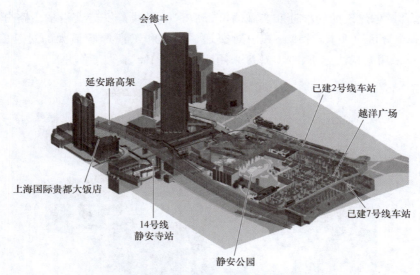

图 1-3 14 号线静安寺站周边环境

经研究，如采用明挖法，为维持区域交通，沿车站纵向需要分段分幅盖挖施工，管线需进行 5 次改迁，改迁费用近 2 亿元，车站总工期长达 70 个月。14 号线静安寺站与延安路高架交叉点现状图，如图 1-4 所示，延安高架路跨越华山路路口段桥梁总跨度为 40m，中部为 24m 挂孔钢箱梁，搁置于相邻跨单箱三室梁体的外伸部分，明挖法车站两侧距离高架桥桩基仅 4.6m，基坑开挖深度达 26m，基坑开挖引起的土体变形极易危及高架 $\phi 600mm$ PHC 管桩桩基；同时，桥底净空仅约 10m，考虑到地下墙需穿越深厚粉砂层隔断承压含水层，总长为 53m 的地下墙钢筋笼需分 7 段制作、连接和吊装，由此将带来了持续时间长，槽段稳定性差等一系列低净空、超深地下墙施工风险，影响延安路高架的安全。

图 1-4 14 号线静安寺站与延安路高架交叉点现状图

综合考虑建筑的功能性和实施的可行性。14 号线静安寺站沿华山路分为 A、B、C 3 个分区（见图 1-5），其中对交通、管线和工期影响最大的过延安路段（B 区）采用暗挖法施工，A、C 区采用明挖法施工，兼做工作井。

图 1-5　14 号线静安寺站平面分区示意图

本书旨在通过对 14 号线静安寺站非开挖建设车站技术的介绍，丰富软土地层车站的建设手段，提升软土地区地铁建设水平，减少轨道交通建设对交通、商业和环境的影响。主要内容包括以下五个部分：

1. 软土地区车站非开挖施工方法的适用性研究

对国内外各类暗挖工法工程实践进行调研，总结各类工法的适用情况及优缺点，结合上海水文地质条件，提出适合上海土层情况的暗挖工法（包括双线单圆盾构结合横向通道方案、大型类矩形顶管方案等）；进一步结合轨道交通 14 号线静安寺站的具体特点，通过综合比选，有针对性地提出具有上海特色的新型暗挖实施地铁车站方案并做出总体评价。

2. 矩形顶管法车站建筑形式研究

结合推荐采用的矩形顶管法，综合考虑换乘、防灾、地下空间连通等因素，对暗挖法车站建筑总体布局、平面分层布置、消防模式、换乘方式等进行研究，提出合理可行的建筑布置方案。

3. 大断面顶管管节设计关键技术研究

结合工程实际特点及建筑断面需要，开展关于暗挖段大断面顶管管节结构断面设计及材料选择、管节分块设计、抗震性能及节点构造、管节防腐、接缝防水等关键技术的研究，为今后类似工程提供借鉴。

4. 矩形顶管法车站系列实施技术研究

根据建筑布置，对车站差异沉降的控制措施、大断面、小间距顶管施工的环境影响分析及对策、超大断面复合管节受力性能及优化设计、大断面顶管群工作井结构设计关键技术等开展系统研究,形成完整的暗挖法车站配套设计技术,为软土富水地区矩形顶管法车站的推广应用提供重要技术支持。

5. 矩形顶管法车站结构抗震安全性研究

矩形顶管法车站结构在抗震性能方面与传统的明挖结构有着显著差异,研究一种适用于矩形顶管结构抗震设计的简化计算方法和结构抗震评价指标,提出关键节点的抗震设计方法,整体提高矩形顶管法车站的抗震性能和使用品质。

第 2 章 软土地区车站非开挖施工方法的适用性研究

2.1 非开挖施工方法的发展及研究现状

2.1.1 暗挖法

浅埋暗挖法是一项边开挖、边浇筑的施工技术,是利用土层在开挖过程中短时间的自稳能力,在采取适当的支护措施下进行开挖的施工方法。其沿用新奥法(New Austrian Tunneling Method)基本原理,初次支护按承担全部基本荷载设计,二次模筑衬砌作为安全储备;初次支护和二次衬砌共同承担特殊荷载。应用浅埋暗挖法设计、施工时,同时采用多种辅助工法,超前支护,改善加固围岩,调动部分围岩的自承能力;采用不同的开挖方法及时支护、封闭成环,使其与围岩共同作用形成联合支护体系;在施工过程中应用监控量测、信息反馈和优化设计,实现不塌方、少沉降、安全施工等,并形成多种综合配套技术。暗挖法一般适用于在较稳定地层中建造隧道和地下车站,其优点是断面尺寸与断面形式灵活以及对复杂地层较强的适应性和灵活性,专业设备需求小;缺点是施工速度相对较慢。

在国内,暗挖法最早在 1986 年的北京地铁复兴门车站及折返线工程中运用,暗挖断面宽为 14.6m,高为 8m;其后在 1990 年的北京地铁西单站、天安门西站、王府井站、东单站等中运用,最大宽度为 26m,最大高度为 13.5m,覆土厚度为 6~21m。随后,该工法在北京、广州、深圳、南京等地的地铁车站修建中得到推广应用,运用地层也由无水地层逐步扩展至有水地层。在国外,采用浅埋暗挖法的工程众多,如 1969—1971 年,德国法兰克福地铁 25 工区修建了 6.68m 的圆形隧道;1981—1983 年,日本成田机场高速铁路隧道修建宽为 11.5m、高为 7.5m 隧道；1985 年，法国里尔地铁 1 号线 4 工区修建宽为 6.8m、高为 5.8m 隧道。

  浅埋暗挖法施工的地铁车站站型布置灵活，岛式、分离岛式、侧式、厅台分离等均可行。浅埋暗挖法常用的开挖方法有全断面开挖法、台阶开挖法、环形开挖预留核心土法、单侧壁导坑法、双侧壁导坑法（眼镜工法）、中隔壁法（CD 工法）和交叉中隔壁法（CRD 工法）以及专用于地下车站暗挖施工的洞桩法（PBA 工法）等。北京地铁西单车站即采用了双侧壁导坑法施工，如图 2-1 所示。北京昌平站则采用了洞桩法（PBA 工法）施工，如图 2-2 所示。

图 2-1 北京地铁西单车站（双侧壁导坑法）施工示意图

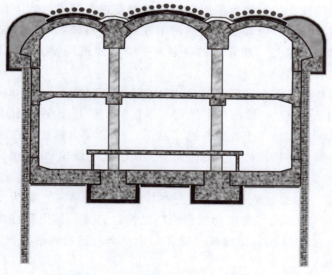

图 2-2 北京昌平站（PBA 工法）施工示意图

王梦恕院士结合中国特点及水文地质系统，创造了小导管超前支护技术、8字形网构钢拱架设计、制造技术、正台阶环形开挖留核心土施工技术和变位进行反分析计算的方法，提出了"管超前、严注浆、短开挖、强支护、快封闭、勤量测"18字方针，突出时空效应对防塌的重要作用，提出在软弱地层快速施工的理念。根据土层支护、注浆加固情况，浅埋暗挖法可以采用其他辅助施工措施，包括超前锚杆支护、长管棚超前地层、地面加固地层、降低地下水位、水平旋喷加固、冻结加固等。

王凯等研究了双洞分离式浅埋暗挖地铁车站的结构断面优化设计方法。刘维宁等以盾构法和浅埋暗挖法结合建造的地铁车站为研究对象，通过1∶10大比尺模型试验研究，真实地再现新型车站的施工过程，得到盾构管片应变、收敛变形和洞周土体变位在整个车站施工过程中的变化规律。姚宣德、王梦恕通过对众多工程实例的实地调研，并综合运用模糊聚类分析方法，对实地调研数据进行统计分析，同时考虑工程建设的经济性，给出在目前工程条件下地表沉降控制值的建议值。将浅埋暗挖法的地表沉降控制值定在：车站80mm以下、区间35mm以下，不会对地表建构筑物（浅基础）和地下管线产生较大的影响；具体的控制标准，应当结合实际情况，通过分析计算来确定。

2.1.2 管幕法

管幕法也叫排管顶进法，是指在工作井之间，利用小型顶管机顶进钢管到土体中，形成超前支护，然后采用开挖或箱涵顶进方案进行地下构筑物施工的一种暗挖法施工技术。管幕法一般适用于在地质条件较好、自稳能力强的地层中建造隧道和地下车站，在管幕的较强支护下可建造跨度大的地铁车站结构，而且断面形式较灵活。

管幕法起源于日本，最早出现在1971年，位于日本Kawase-Inac穿越铁路的通道工程采用了管幕法。欧洲最早采用管幕法的工程是1969年比利时Antewerp轨道交通车站，该车站位于既有铁路车站下。1982年，新加坡在城市街道下修建的地下通道采用管幕法施工。韩国采用管幕法已经修建90余项地下工程，其中有3座轨道交通车站。1993年，马来西亚开始采用管幕法施工。1994年，日本采用管幕法在大池成田线高速公路下修建长为47m、宽为19.8m、高为7.33m的隧道。2008年，德国勃兰登堡门站修建完成，采用管幕法与冻结法结合施工，车站总长150m，站台长（管幕）为92m，隧道断面面积为180m²，覆土厚度为9.5m。

我国运用管幕法：1984年，修建香港地下通道。1989年，台北松山机场采用管幕法结合 ESA 箱涵推进施工长为 100m、宽为 22.2m、高为 7.5m 的隧道。2004 年，上海中环线北虹路采用 80 根 970mm 钢管形成管幕和箱涵相结合修建了长为 125m、宽为 34m、高为 7.85m 的地道（见图 2-3）。

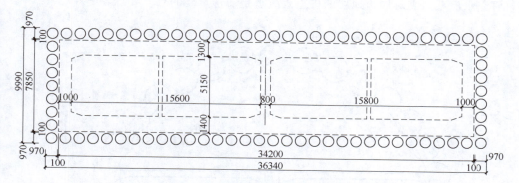

图 2-3　中环线北虹路管幕结合箱涵顶进工法断面图

2004 年，北京轨道交通 5 号线崇文门站下穿既有轨道交通 1 号线区间隧道工程采用了管幕法施工。2013 年港珠澳大桥珠海连接线拱北隧道口岸暗挖段施工采用管幕法与冻结法结合的方案，管幕长 255m、宽 18m、高 21m，以 36 根 1.62m 直径管幕形成拱形双层隧道。沈阳地铁 2 号线新乐遗址站为我国地铁第 1 例引进新管幕法施工的工程，宽度达到 23.5m，高度达到 15.5m。新乐遗址站位于黄河北大街与龙山路交口以北，沿黄河北大街呈南北向布置。结构横断面外轮廓为单拱大跨结构，站厅层为单跨结构，站台层为双跨结构，车站外墙及底板结构为单层结构（非复合式衬砌结构），拱墙厚度为 0.8~1.2m，底板厚为 1.6m，中板厚为 0.5m，中柱为 0.8m×0.8m 混凝土柱，主体车站横断面，如图 2-4 所示。

管幕法具有断面灵活，适用土层广等特点，通过管幕的结合可以完全避免开挖现有道路和搬迁管线，因此正越来越多地运用于地下工程中，如下穿道路、铁路、河流的地下车站、下立交和地下通道等。但管幕法也面临着新的难题，如管幕的超浅覆土、超宽超大断面、有效的沉降控制措施等。

管幕法暗挖车站需要考虑到开挖与支撑的时空效应，考虑封闭空间内开挖面边坡的时间及空间效应；同时由于管幕内土体采用 MJS 等水泥系加固，其在封闭空间内加固，且加固断面非常大，加固体的挤土效应不容忽视，当采用搅拌桩或 MJS 等水泥系工艺对土体进行加固时，通过注入的一定体积浆体、注浆压力、土体中积聚的超孔隙水压力等都将对周围地层产生挤压作用，导致土体的侧向挤出和垂直向的隆起变形。施工工艺、施工参数、施工流程不同，导致搅拌桩的挤土效应相差较大。在地下管线和地下设施密集的地方进行深层搅拌桩的施工，如果不能很好地控制搅拌桩的施工，挤土效应将造成很大的危害。同样，对于管幕内的土体加固，采用何种水泥系加固，加固技术参数如何确定，研究水泥系加固对周边地层的挤土效应也是非常重要的。

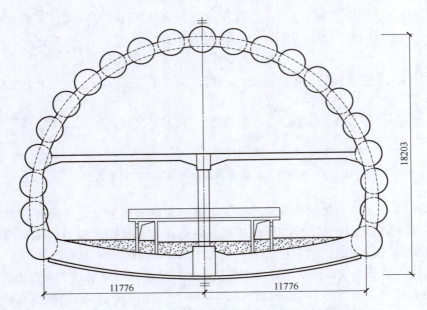

图 2-4　沈阳新乐遗址站管幕法施工的主体车站横断面

李鸿博、高广运等结合工程实例，对相关的墙体侧向位移和管道沉降的监测数据进行了分析，总结出了搅拌桩挤土效应的特点及其在不同的施工工艺所表现出来的规律，并分析了可能导致这些规律的原因。他们用 Sagasta 的源-汇理论得到的位移计算公式对这些规律进行了研究。

倪黎明、朱正锋等结合实际工程的施工情况和监测结果，分析搅拌桩施工过程中土体水平位移、竖向位移的变化规律及影响因素，提出有效控制土体挤出变形的合理施工流程。

李志高、曾远等研究了不同施工参数情况下，搅拌桩施工的挤土效应对已建轨道交通车站结构的变形反应。现场实验结果表明：在透水性较差的土层中施工，由于注浆压力使土体中产生的超静压孔隙水积聚快、消散比较慢，其对土体挤出效果较明显；搅拌桩挤土有一定的影响范围；搅拌桩挤土效应还与施工流程密切相关。采用背向保护对象向外推进、适当跳打的施工工艺，可以有效地控制搅拌桩施工的挤土影响。

付艳斌、廖少明等模拟了搅拌桩（DCM）侧向挤土效应的 4 种荷载模式，结合实测资料并采用数值分析方法验证了侧向挤土荷载模式的合理性，进一步应用该模式，通过有限元模拟了搅拌桩的加固挤土效应，分析讨论了不同加固顺序对地面变形，隧道变形以及长期蠕变变形的影响。结论表明，搅拌桩加固对地面环境影响不可忽略，隧道周围搅拌桩施工顺序对隧道变形影响较大，搅拌桩加固后长期蠕变效应相对加固过程的变形很小。

2.1.3 盾构法

盾构法在国内主要运用于区间隧道施工，采用盾构法进行地铁车站施工还在研究阶段。在国外，已经有采用盾构法扩建地铁车站的大量施工案例。在日本、德国、苏联、英国等的地铁建设中，曾经较灵活地采用在区间盾构隧道基础上进行扩大开挖构筑车站侧站台隧道的方法。

国外采用盾构法修建地铁车站的主要方法有单圆盾构与横通道结合、单圆与半盾构结合、单圆盾构与矿山法结合、单圆盾构与盖挖法结合、多圆盾构、大直径单圆隧道直接作为车站主体等几种形式。

单圆盾构与矿山法结合修建地铁车站的结构断面相对比较灵活，具体根据客流情况确定。采用矿山法修建地铁车站时，会配合使用各类辅助工法，如超前棚、超前小导管、冰冻法等。对于客流较大的车站，可利用矿山法修建岛式车站中间集散厅，即车站两旁侧隧道采用盾构法施工，与区间隧道断面相同，列车停在圆形的"区间隧道"里；车站集散厅采用矿山法施工，站台全部置于中央集散厅内，在行车隧道和集散厅之间用连续开洞的隔墙代替原有的梁柱体系，在墙上对应车厢的部位设屏蔽门，这种方法在苏联较为常见。对于客流量较小的车站，可由横向通道将两个并列的圆形隧道连成假岛式站台车站，即在横向通道处可视为岛式站台车站。每个隧道内都设有一组轨道和一个站台，乘客从车站两端或车站中部夹在 两圆形隧道之间的竖井（或自动扶梯隧道）进入车站横通道，再进入站台乘车。

单圆盾构与半盾构结合修建地铁车站，先用 2 台盾构平行开挖两旁侧隧道，然后在 1 台半盾构的掩护之下掘进车站中间站厅部分，乘客从车站两端的斜隧道或竖井进入站台。

三圆盾构修建地铁车站是指三圆盾构从一个端头井推进到达到另一个端头井时，车站断面一次开挖成型。日本于 1994—1998 年第一次成功应用三圆形泥水式盾构技术修建东京地铁 7 号线白金台地铁车站，之后东京 12 号线饭田桥站也采用了三圆盾构（见图 2-5）施工。三圆盾构的构成包括中央大直径圆和两侧小直径圆、三个等直径圆两种形式。

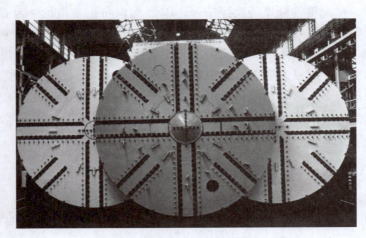

图 2-5 三圆盾构设备图

四圆盾构修建地铁车站适用于车站宽度受到限制且客流量较小的车站。四圆盾构暗挖法在东京地铁 12 号线六本木站有过成功的经验。六本木站站位上方有两根电力隧道，受此影响，车站埋深很深，且不能采用大开挖的形式施工。为了尽量减小对周边环境影响，该站选用四圆泥水盾构方案暗挖车站，该盾构有两个主刀盘，两个辅助刀盘。盾构高为 7.06m，宽为 13.18m，两端主刀盘直径为 6560mm，上下小刀盘直径为 1720mm，如图 2-6 所示。

图 2-6 四圆盾构设备图

大直径单圆隧道直接作为车站主体仅见于巴塞罗那地铁车站。该类型车站和区间隧道一起用 ϕ12.06m 大直径盾构施工，车行区上下双层设置，在车站范围隧道内设置侧式站台，乘客从隧道旁的竖井进车站，利用垂直电梯进行上、下运输。

2.1.4 顶管法

顶管法施工地下工程的原理：先在预挖的工作坑内设置反力支座和安装液压千斤顶，借助主顶油缸或中继环的推力，把工具管或掘进机从工作坑内穿过土层，一直推到接收坑内吊起，与此同时，紧随工具管或掘进机后面，将预制的管段顶入地层。因此，顶管施工的主要特征为施工中边顶进，边开挖地层，边将管段接长。

顶管法具有断面形式多样化，断面使用率高，结构接缝少，结构整体受力性好等特点。对于同一使用断面顶管相对尺寸较小，比较适用于城市中心受管线、建构筑物限制的情况。目前顶管法主要运用于地下管道、地下通道的施工，哈尔滨地铁一号线一期土建工程电表厂站清滨路市政过街通道采用大截面矩形钢壳顶管施工，顶管段长为 25.5m，共 17 片钢管片，每片长度为 1.5m。顶管段最大覆土深度为 3.269m，通道纵坡 2.7%。矩形钢壳管节外径 6600mm×5420mm，钢壳总厚度为 200mm，钢壳管节面板采用 20mm 厚钢板，面板内焊接纵横向肋板加强，纵横向肋板采用 16mm 钢板加工。整体钢壳顶进完成后，进行钢壳内初期支护采用 C25 网喷混凝土填充，最后施作通道内 500mm 厚结构二衬，二衬采用强度等级为 C35、抗渗等级为 P8 防水钢筋混凝土施工。上海轨道交通 6 号线浦电路站、龙阳路站的过街的出入口通道也采用了矩形顶管施工。浦电路站出入口通道顶管管节外形尺寸为 6.24m×4.36m，壁厚为 500mm，管节长度为 1.5m。管节混凝土强度等级为 C40，抗渗等级为 0.8MPa。

采用大截面矩形顶管法方案设计中考虑的重点包括管节结构形式及其接头防水、顶管施工对周围土体的扰动影响等。

赵志峰、邵光辉进行了引水管道工程钢顶管施工的三维数值模拟，得到不同壁厚的钢管在施工过程中的内力与变形，并基于不同壁厚下钢管维持稳定的临界压力，将临界压力同数值下的钢管受力情况进行比较，对钢管壁厚进行了优化。

冯海宁等进行了顶管施工对土体影响的现场试验研究，得到了顶管施工对土压力、孔隙水压力、水位以及深层土体位移和地表位移的影响，从中得出了顶管施工对土体扰动的大小及其扰动范围的规律。

黄宏伟，胡昕采用 3D 数值分析方法对机头正面推力、地层损失、注浆以及共同作用等进行模拟，研究了顶管施工过程引起的力学效应。通过计算分析得出在一些特殊的情况下，正面附加推进力有可能出现较大的正或负值，其对周围土层及构筑物产生的附加应力和位移不可忽略。例如，当在推进面前方存在不明障碍物，机头穿越不同土层交界面，以及在长时间停止顶进后又继续顶进时，都可能导致正面推进力有较大的波动。此外，在长时间停止顶进时，前舱土压难以很好地控制，可能引起推进面前方土体的卸载甚至坍塌，相当于出现负的正面推进力，这将导致较大的地表位移，同时减小侧向土体的侧压力系数，对邻近构筑物引起附加应力。

张治国等提出了层状地基中顶管施工正面附加推力、掘进机与土体之间摩擦力以及共同作用力引起的附加荷载计算方法，分析了顶管推进引起的土体竖向附加荷载分布规律，也研究了地基等效均质性、土层力学参数、计算点间距以及顶管埋深等因素对顶管施工诱发附加荷载的影响效应。研究结果表明，掘进摩擦力引起的附加荷载在掘进面前方迅速达到压应力峰值，其量值大小和影响范围均要大于正面附加推力，是顶管施工引起邻近地层附加荷载的主要影响因素。

2.1.5 其他非开挖工法

1. 曲线管幕+冻结法

港珠澳大桥拱北隧道暗挖段成功采用了"曲线管幕+冻结法"施工方法，该工程地处人流密集的通关口岸拱北口岸，施工管幕顶部覆盖土厚度仅4m多，其上即为口岸进出境风雨廊，一旦由于施工造成地面沉降，就很有可能引起建筑物开裂、变形，甚至坍塌，而且由于隧道下穿拱北口岸，地上建筑桩基和地下管线星罗棋布，管幕外侧距澳门联检大楼桩基最近1.6m，内侧距免税商场回廊桩基最近约为0.46m，施工难度较大。同时，该暗挖段所处地质条件差，地下不同种类的岩土达16种之多，地质条件复杂多变。该工程采用了"曲线管幕+冻结法"施工技术，尤其是长距离大直径曲线管幕顶进技术、临海盐水环境下长距离分段分区精准控制冻结技术等先进技术。

曲线顶管机管幕施工是拱北隧道暗挖段成功的关键。工程暗挖段采用"管幕+冻结法"施工，管幕平均长度257.927m/根，在当时是国内最长的，位于曲率半径 $R=890 \sim 902.25m$ 的缓和曲线和圆曲线上，$\phi 1620mm$ 管幕共36根，其中壁厚为24mm的管幕19根，壁厚为20mm的管幕17根；每根管幕由60余根节管组成，每根管节长4m，采用F型承插口连接。管幕采用冻土帷幕的方法进行管幕间的止水。顶管区域环境敏感，而管幕施工对土体多次扰动，沉降控制要求高。36根管幕布管采用实管（填充混凝土的顶管）与空管（不填充混凝土的顶管）交错排列的方式。实管采用2根圆形冻结管+限位管控制冻土圈厚度，空管设置半圆异形冻结管进行加强冻结。

2. 口琴工法

日本研发了一套将大断面分块施工的非开挖工法——口琴工法，口琴工法是将矩形大断面隧道分割成数列小断面，如图2-7所示，用小型掘进机进行反复掘削后，将小断面隧道一体化，并完成其内部结构的工法，是以缓解城市交通阻塞为目的、采用非开挖而实现安全且低成本构筑地下通道的一项技术。

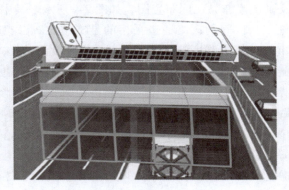

图2-7　口琴工法施工示意图

日本西大阪延伸线（阪神难波线）建设工程（第3工区），采用口琴工法（土压式掘削机：单线U形折返方式）掘削樱川车站西侧的汐见桥折返线以及从棒球场车站至樱川车站的部分（527m×2条）。

3. MMB工法

MMB工法是利用矩形盾构机挖掘大断面隧道的外壳，形成初支，并将各矩形通道进行连接，构筑结构体并用土工机械挖掘内部来完成隧道建设的工法。东京都中央区银座·7-8丁目地下停车场采用MMB工法修建，其施工流程，如图2-8所示。

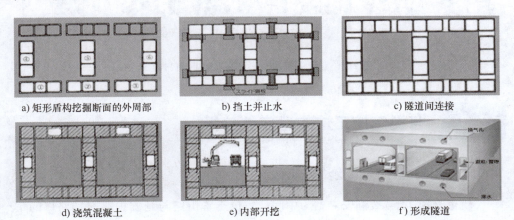

图2-8　MMB工法施工流程图

15

2.2 上海市轨道交通的非开挖探索

上海市轨道交通典型车站区间布置图,如图 2-9 所示。其中,区间正线一般采用的是盾构法施工,区间的联络通道采用的是冻结法,以类矿山法的方式开挖;车站的过街出入口等小跨度箱型结构也已有较多的顶管法案例。上述地下结构类型非开挖施工已经具备极为成熟的经验,无论是施工速度和质量,还是施工对环境影响控制,在上海均有稳定而可靠的效果。而在地铁车站方面,一直以来相关实践较少,在 2010 年世博会前的轨道交通建设时期,仅有轨道交通徐家汇枢纽站中的 9 号线徐家汇站通过改造既有港汇广场地下室的方式修建完成,开创了上海地铁非开挖车站的先例,但该工程的非开挖是通过改造既有结构而非在土中暗挖,并非所有拟建车站周边都存在层高、柱跨、工程规模都适合进行车站改造,该工法的推广应用存在较多的条件限制。自 2010 年世博会之后,轨道交通 14 号线桂桥路站又进行了管幕法施工的探索,但该区段仅为车站的末端配线段,至 2021 年底,除了上海轨道 14 号线静安寺站外,上海地区尚未有其他车站主体在土中非开挖实施的实例。

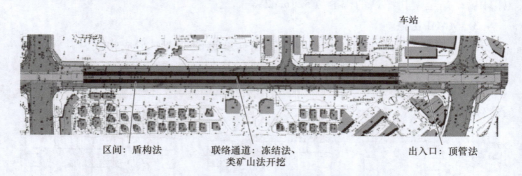

图 2-9 上海市轨道交通典型车站区间布置图

2.3 各类暗挖工法的适应性分析

2.3.1 静安寺车站暗挖法施工段

轨道交通 14 号线静安寺站为中间站,位于华山路与延安中路交叉路口的华山路下方,沿华山路南北向布置,为地下 3 层岛式站台车站,与已建成通车的 2 号线、7 号线静安寺站形成 3 线换乘枢纽。站台中心处顶板覆土约为 3m,底板

第 2 章 软土地区车站非开挖施工方法的适用性研究

埋深约为 24m，车站长度约为 225m，净宽为 20.54m，明挖段站台宽度为 13m，暗挖段站台宽度为 9.2m（2×4.6m），共设 6 个出入口，3 组风井。

如图 2-10 所示，站址东侧为静安寺、南京路、静安公园，西侧为会德丰大厦、上海国际贵都大饭店，北端头井位于正在运营 2 号线盾构隧道南侧，站址周围环境复杂，建设难度大，而建设矛盾最突出的就是下穿延安路区段。

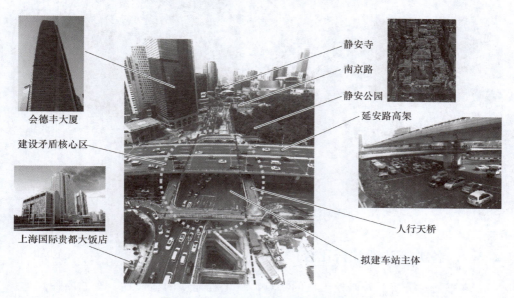

图 2-10 14 号线静安寺站周边环境图

1）该路口位于上海市主干路网交叉点位置，其中，延安路为双向 14 车道快速路，穿越市中心唯一的东西向大动脉是华山路，为双向 7 车道主干路，车流量巨大，该路口是上海市区交通最拥堵的区域之一。

2）该路口涉及各类市政公用管线 54 路，不仅费用高、时间长，而且相关工序衔接环节多，管线搬迁进度不确定性较大。

3）延安路高架桥桥面宽度为 25.5m，超 46% 比例范围低净空施工，其中，延安路高架下净高为 10m，人行天桥下净高为 5m；高架桥桩 ϕ600mm PHC 管桩，原设计单桩承载力安全余量仅 3.2%；每桩存在 3 个接头，多道接头处于基坑开挖变形影响较大位置；处在典型软土富水地层，仅距 5m 施工分 7 节制作 53m 低净空地下墙、开挖 26m 深基坑，保护难度很大。

4）该区段若按常规明挖施工，车站土建总工期达 70 个月，无法满足 14 号线通车关键节点要求。

基于上述原因，借鉴上海及周边地区在城市中心建设轨道交通车站的成功经验，结合总体工程筹划和交通疏解要求，将车站主体位于延安路高架下的部分采用暗挖法施工，如图 2-11 所示。

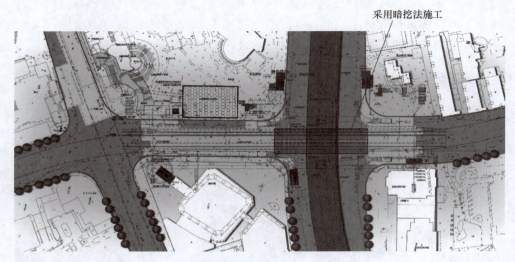

图 2-11 14 号线静安寺站总平面图

2.3.2 各类工法的综合比较

本书通过分析几种暗挖工法的特点，从工程地质的适应性、车站断面尺寸、地面沉降影响、工程造价等方面对浅埋暗挖法、管幕法、盾构法及顶管法等暗挖工法进行了比较，见表 2-1。

表 2-1 四种暗挖工法的综合比较表

特点、参数	浅埋暗挖法	管幕法	盾构法	顶管法
适应地层	土层性质好，围岩自稳能力强	地质条件好，自稳能力强	地层适应能力强，适用于软土、坚硬岩石等复杂地层	地层适应能力强，适用于软土
断面形式	断面形式灵活，专业设备需求小	断面形式灵活	车站断面尺寸受盾构设备限制	车站断面尺寸、形式灵活
施工及环境影响	施工速度相对较慢	施工精度要求高，沉降控制难	施工安全快捷、地面建筑物变形小	施工速度较快，挤土效应明显
施工距离	最大距离无限制	几百米至上千米	最大距离无限制	驱动方式所限，掘进百米，用中继环可掘进上千米

第 2 章 软土地区车站非开挖施工方法的适用性研究

（续）

特点、参数	浅埋暗挖法	管幕法	盾构法	顶管法
曲线施工	可行	较为困难	可沿各种曲线掘进	较为困难
平均造价	低	较高	较低	较高

地铁车站暗挖工法的选择，需要综合考虑车站所处工程地质条件、施工现有设备、车站自身特点及功能需求和车站周边环境等情况。

1. 工程地质条件

工程地质条件对于车站暗挖工法的选择至关重要。根据多年的地铁施工经验，对于含水量较高的软弱土层，选择浅埋暗挖法需慎重；对于相对较好的土层，浅埋暗挖法因断面尺寸选择灵活、工程造价低等特点有独特的优势；盾构法对地层的适应性较强，但若配合其他工法，则必须考虑其他暗挖工法的地层适应性。

2. 施工现有设备

车站暗挖工法的选择也应考虑现有设备情况，特别是选用盾构法施工，若购买新设备将带来巨大的前期投入，后期也应有相应工程跟上，否则将带来巨大的资源浪费和长期的维护费用。

3. 车站自身特点及功能需求

车站自身的客流情况对暗挖工法的选择有所影响，对于客流量较大的车站，应考虑设置乘客集散厅，因此对车站的站台宽度及车站的断面尺寸要求较高，这种情况下需要评估利用既有盾构设备能否适应车站功能需要。车站的埋置深度也对车站暗挖工法的选择有所影响，车站的埋置深度越深，施工对地表的影响越小，暗挖工法选择所受的限制也越小。

4. 车站周边环境

车站周边环境情况如车站上方有无大的管线、车站周边有无重要建筑物需要保护、车站距周边建（构）筑物的距离远近等较大程度上影响了车站暗挖工法的选择。对于相同的土层，盾构法施工对地面的影响较小，地层损失率较低，对周边环境影响小。

总体来看，浅埋暗挖法断面形式灵活，专业设备需求小，但是土层性质好、围岩自稳能力强时适用，施工速度相对较慢；管幕法也是适用于地质条件较好的地层，施工精度要求高，沉降控制难；盾构法地层适应能力强，适用于软土、坚硬岩石等各种复杂地层，施工安全快捷、地面建筑物变形小，但是车站断面尺寸受盾构设备限制，不够灵活。而口琴工法、MMB 工法目前国内实施案例较少，技术储备和工程经验不足，针对14号线静安寺站所处地层为软弱土地层，且环境要求较高，不宜采用。

浅埋暗挖法、管幕法、盾构法在国内外皆有成功案例。在上海软土地区，已有多例成功的浅埋暗挖法施工的出入口通道案例，上海地铁8号线鞍山新村站出入口通道即采用浅埋暗挖法施工，其暗挖主通道全长为20.227m，平均覆土厚度为2.2m，开挖尺寸为宽6600mm×高4665mm。施工采用双重管全断面注浆预加固、ϕ108mm大管棚超前支护。但是出入口通道的横断面形式一般较为规则，而暗挖车站的断面形式更为复杂，且横断面尺寸较出入口通道更大，以满足较大的人流量要求，采用浅埋暗挖法施工暗挖车站的施工风险较大。上海轨道交通14号线静安寺车站所在位置的延安路高架桩基为PHC桩，桩长仅为42m，且分3段连接，采用浅埋暗挖法施工车站，一旦施工控制不利，可能对桩基产生较大影响，导致延安路高架发生较大沉降，因此不适合采用浅埋暗挖法。

管幕法也在上海软土地区应用，上海市中环线虹许路-北虹路地下立交隧道工程采用了管幕施工与箱涵顶进相结合的施工方法。先在地下通道南北端各建1座大型工作井，工作井建成后，将80根（每根总长度为126m）带有锁口的直径为970mm的钢管向南工作井顶进，形成"口"字形矩形管幕。工程所处地层为高含水量、低强度的饱和软土，为降低工程造价和缩短工期，箱涵推进时通过特殊设计的网格工具管来保证开挖面的稳定性，管幕内土体不加固，但是在具体施工第一、二节箱涵顶进过程中由于缺乏经验，采用了网格内挖土工艺，造成了地表较大的沉降量，达到十几厘米，后续施工采用网格挤土施工，严禁超挖，并加强特种泥浆的注入，才遏制了地表沉降。根据上海软土地区的施工经验，管幕法施工风险也较大，尤其是在前期施工中由于经验不足，可能造成较大的地面沉降，后期施工吸取前期经验，采用注浆、控制挖土等措施以减少地表沉降。对于静安寺车站周边复杂的环境条件，延安路高架的桩基、高架下地面道路及周边建筑物对地层变形及地表沉降较为敏感，施工全过程及工后沉降均应有效控制在要求范围内，因此采用管幕法施工的难度较大，风险较高。

对于盾构法车站，其布置形式有单圆盾构左右布置、单圆盾构上下布置、两单圆盾构左右布置、两单圆盾构上下布置、三圆盾构、类矩形盾构等。采用单圆盾构施工车站，则需要定制断面尺寸较大的盾构机，上海地区的长江西路隧道、虹梅路隧道已采用过大直径盾构机，刀盘直径分别达到15.43m和14.87m，但是即使采用大直径，单圆盾构施工的车站也仅适用于小客流，并且需要线路转化，不利于客流分散、流动。三圆盾构施工地铁车站则需要特别定制三圆盾构机，且目前国内尚无成熟的施工技术经验。类矩形盾构已经在宁波轨道交通中成功运用，但是其受力性能较圆形隧道稍差。本书对于不同断面布置形式的盾构法车站进行了对比，见表2-2。

表 2-2 盾构法车站隧道不同断面布置形式的对比

断面布置形式	圆隧道外径或矩形隧道长边尺寸	站台宽度	适应客流	优缺点
单圆盾构左右布置	17.5m	岛式8m	小客流	盾构断面尺寸较大，需定制，且只能适应小客流
单圆盾构上下布置	15m	侧式5.8m	较大客流	需对线路由平行向上下重叠相互转化
两单圆盾构左右布置	8.9m 11.2m	侧式3.5m 侧式5.2m	较小客流 较大客流	侧站台宽度偏小，且需新定制盾构 适应客流大，占用空间较大
两单圆盾构上下布置	同左右布置			需对线路由平行向上下重叠相互转化
三圆盾构	20.4m	岛式12m	大客流	设备需定制，施工技术及环境影响问题
类矩形盾构	11.5m	侧式4.6m	大客流	受力不如圆形隧道好

从盾构法车站暗挖断面布置形式的角度，综合考虑线路走行关系、车站客流、地下空间尺寸、施工技术及装备等因素：如果线路左右平行布置，可考虑两单圆盾构左右布置形式，可布置侧式站台，占用宽度较大，施工技术成熟，可利用既有盾构；也可考虑三圆盾构形式，可布置成岛式或侧式站台，占用宽度较小，但需定制并存在施工技术及环境影响问题；如果线路上下平行布置，可考虑单圆盾构上下布置形式。但是车站中间暗挖部分只有站台层，设备用房布置只能布置于车站主体两端及外挂，一般两端站厅无法沟通，过街功能弱。

基于上述分析，采用浅埋暗挖法与管幕法的施工风险较大，沉降控制较难，容易对周围环境产生较大影响。因此，对于静安寺站来说，重点比选盾构法与顶管法两种施工方法。

2.3.3 盾构法与顶管法比选

根据建筑布置，车站站厅层连通道为内净空断面尺寸为 8.44m×3.78m（宽×高）的类矩形，拟采用顶管法施工。

车站站台层连通道断面采用内径为 8.85m 的圆（见图 2-12）或内净空为 8.85m×7.65m（宽×高）的类矩形（见图 2-13）均能满足要求，适用的施工工法有盾构法和顶管法。

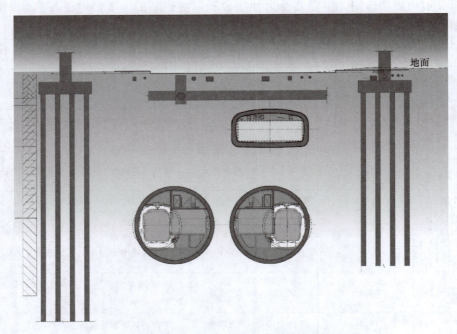

图 2-12　内径为 8.85m 圆形断面布置

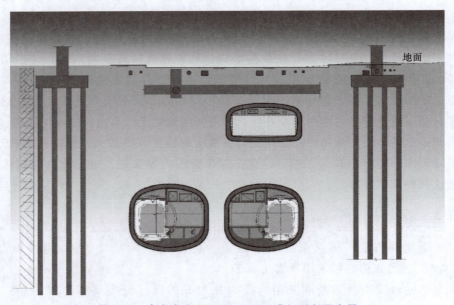

图 2-13　内净空为 8.85m×7.65m 类矩形断面布置

第 2 章 软土地区车站非开挖施工方法的适用性研究

盾构法和顶管法都是非常成熟的非开挖施工技术，两者对构筑地下通道和地面环境保护都有安全可靠的保证措施，实际施工根据施工环境和施工需求来进行。一般情况下，盾构法主要用于较长距离地下通道的构筑，该通道的线型还可具有曲线；类矩形（矩形）顶管法主要用于距离较短，直线线型的地下通道施工。

依据构筑车站地下通道段的施工长度、施工环境要求等方面，对盾构法和顶管法的适应性做如下对比：

1. 场地需求

静安寺站位于华山路与延安路高架交叉口，地面交通繁忙。由于华山路不得封交，故施工场地有限。根据施工工艺，盾构法地面堆放设备主要有管片堆场、大型行车、集土坑、后配套车架、拌浆系统（目前可以拌站外送）、材料堆场、施工材料堆放料库等，占地面积大，施工场地需求高。

顶管法地面包括管节堆场、大型行车、集土坑、减摩泥浆拌制系统、动力站等设备及场所，占地面积也不小，但相比盾构法施工所需场地要小得多。特别是由于地下通道距离短（只有80m），盾构法后配套车架只能摆放在地面，使得地面占地需求增大。

2. 管节分块及运输

根据常规施工经验、实际施工需求，盾构法管片可以分成5~8块；顶管法分成2块。

在外部施工运输方面，盾构法管片分块多，单块管片体积小、重量轻，便于运输；顶管法管节单块重量相对较重，体积较大。在外部运输时需与道路交通相关部门协调。

由于盾构法管片分块多，隧道柔性大，相邻小距离通道相互影响大，成型隧道易变形。此外，由于分块多，相对地面堆载占地要求也大；同时管节须先垂直运输，再通过水平运输至隧道内前端进行拼装；顶管法管节分块少（只有上、下2块），结构相对稳定。管节直接在井下拼装，拼装空间大，拼装相对便捷。

3. 掘进设备

盾构机功能集中，设备配置多，要求高，改造或制造相对复杂，成本高。

顶管机主体与主顶装置分离，不需要管节拼装设备等，设备改制或制造相对简单，费用相对较小。

4. 施工费用

盾构法施工配套设备的进出场及吊装、调试等辅助费用大，短距离地下通道每延米摊销费用大。

顶管法相对施工配套设备少，设备进出场及吊装、调试简单，辅助费用相对较小，每延米摊销费用较小。

5. 地面变形控制

盾构法采用同步注浆工艺，管片脱出盾尾后直接用浆液充填，地面变形控制能力好。

常规顶管法采用同步减摩泥浆压注，待贯通后进行浆液置换，过程中以补充压注减摩泥浆来缓解和控制地面变形。采用顶管法时，在地面变形控制技术上，参照盾构法理念，可以根据监测数据，采用厚稠混合泥浆对一定变形区域实施动态补充跟踪注浆，及时补充土体损失，确保地面变形有效控制在一定范围内。

综合上述，盾构与顶管施工工法综合比较见表2-3。盾构法和顶管法均能满足施工需求，但14号线静安寺站掘进通道距离短、施工场地小、相邻通道施工间距小等现状，顶管法相比盾构法有较大的优势。

表2-3　盾构与顶管施工工法综合比较

项目	盾构法	顶管法
场地布置	盾构法实施长度仅为82m，后配套车架设置在地面，占地需求较大	管节堆场、大型行车、集土坑、减摩泥浆拌制系统、动力站等，占地面积较小
运输要求	盾构法管片分块多，单块管片体积小、重量轻，便于运输	顶管法管节单块重量相对较重，体积较大，在外部运输时需与道路交通相关部门协调
设备改制	盾构机功能集中，设备配置多，要求高，改造或制造成本相对高	顶管机主体与主顶装置分离，不需要管节拼装设备等，设备改制或制造费用相对小
施工影响	后施工盾构影响先期施工的柔性衬砌产生较大变形，需设置加固措施	管节刚度较大，顶管之间的影响较小
变形控制	盾构法采用同步注浆工艺，管片脱出盾尾后直接用浆液充填，地面变形控制能力好	根据监测数据，采用厚稠混合泥浆对一定变形区域实施动态补充跟踪注浆，及时补充土体损失，地面变形有效控制在一定范围内

2.3.4　盾构管片结构与复合顶管结构形式比选

车站站厅层连通道为内净空断面尺寸为8.44m×3.78m（宽×高）的类矩形，适合采用顶管法施工，结构形式为顶管管节，一次整环预制。

车站站台层连通道断面采用内径为8.85m的圆或内净空尺寸为8.85m×7.65m（宽×高）的类矩形均能满足要求，相应采用盾构法和顶管法施工，结构形式为盾构管片和顶管管节。

1. 断面 $\phi 8.85m$ 圆形盾构管片结构

目前上海软土地区已经成功施工较多的大直径盾构隧道，见表 2-4。

表 2-4 上海地区已建大直径盾构隧道管片尺寸

序号	工程名称	盾构类型	管片尺寸/m		
			外径	厚度	环宽
1	延安东路北线隧道	$\phi 11.32m$ 大型网格盾构	11.00	0.55	1.0
2	延安东路南线隧道	$\phi 11.22m$ 泥水盾构	11.00	0.55	1.0
3	大连路隧道	$\phi 11.22m$ 泥水盾构	11.00	0.48	1.5
4	复兴东路隧道		11.00	0.48	1.5
5	打浦路复线隧道		11.00	0.48	1.5
6	龙耀路隧道	$\phi 11.58m$ 泥水盾构	11.36	0.48	1.5
7	人民路隧道				
8	翔殷路隧道	$\phi 11.58m$ 泥水盾构	11.36	0.48	1.5
9	新建路隧道	$\phi 11.58m$ 泥水盾构（东线）$\phi 11.66m$ 泥水盾构（西线）			
10	西藏南路隧道	$\phi 11.58m$ 泥水盾构	11.36	0.50	1.5
11	仙霞西路地道				
12	上中路隧道	$\phi 14.87m$ 泥水盾构	14.50	0.60	2.0
13	军工路隧道				
14	长江西路隧道	$\phi 15.43m$ 泥水盾构	15.00	0.65	2.0
15	长江隧道				
16	地铁 16 号线	$\phi 11.58m$ 泥水盾构	11.36	0.48	1.5

（1）管片内径　隧道内径主要取决于限界（包括车辆限界、设备限界、建筑限界），同时要考虑施工误差、测量误差、设计拟合误差、不均匀沉降等因素。综合考虑后，隧道内径可拟定为 8850mm（见图 2-14）。

（2）管片厚度　地铁盾构隧道的建设及多年的成功运营证明，采用单层衬砌结构是安全可靠的。根据隧道的埋深、荷载作用等条件，考虑 100 年使用寿命的要求，借鉴上海地区类似工程经验，经计算确定圆形隧道钢筋混凝土衬砌厚度为 475mm。管片计算模型选择修正惯用设计法。

（3）管片宽度　管片环宽应考虑地区现有的钢模、盾构机（举重臂能力、千斤顶行程、盾尾间隙）等客观条件，并根据工程的具体条件以及实际的施工经验，选择既经济又合理的环宽尺寸。隧道属于车站本体的一部分，对沉降要求较高，而较大的环宽有利于增强隧道纵向整体刚度，减小不均匀沉降，推荐采用宽为 2m 的管片。

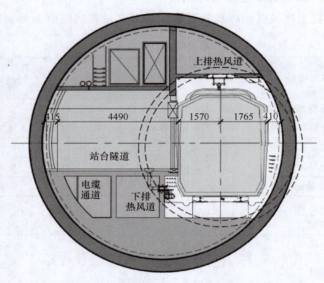

图 2-14 隧道内径为 8.85m 圆形盾构断面布置

（4）管片分块 综合考虑管片制作、运输、拼装及结构受力、防水性能，采用 8 分块方案，设置大封顶块（见图 2-15）。

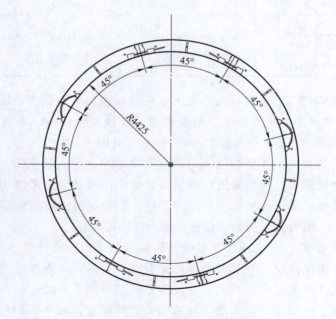

图 2-15 ϕ8.85m 圆形盾构管片结构

(5) 拼装方式　错缝拼装整体刚度高，衬砌变形及差异沉降小，防水性能好，故推荐采用错缝拼装。

(6) 管片连接　管片连接形式与地区习惯及现有钢模板有关，直螺栓、弯螺栓在上海地区均有采用。静安寺站中隧道为车站本体的一部分，完全位于直线段，错缝拼装位置固定于两种姿态。在该两种姿态下，对应于接缝处的弯矩分布也较为固定。正弯矩部位（顶、底部）管片接缝采用靠近内侧的直螺栓连接，负弯矩部位（侧腰）管片接缝采用靠近外侧的弯螺栓连接，有利于控制接缝部位变形。管片环与环间纵向采用弯螺栓连接。

(7) 不均匀沉降控制　车站两端明挖段为刚度较大的箱形结构，中间 80m 通道管片为螺栓连接的柔性结构。如何有效控制二者之间的不均匀沉降是需要重点考量的内容之一。车站与区间隧道的沉降量与下卧土层密切相关。静安寺站站台层位于⑤$_1$层土中，通道下卧地层较差，需要采取措施控制不均匀沉降。①措施一：管片内增设预留注浆孔，一旦沉降达到预警值，即打开注浆孔向底部注浆，控制沉降。②措施二：利用站台下方富余空间建造整浇混凝土内部结构与管片形成叠合结构（见图 2-16），增强纵向刚度。

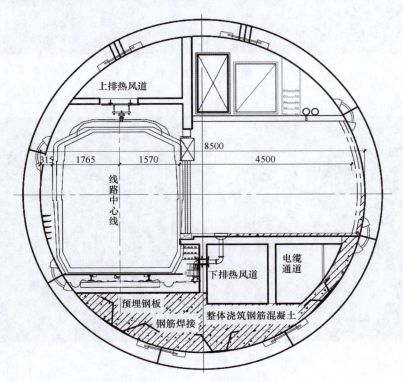

图 2-16　叠合结构增强纵向刚度

（8）通道近距离施工影响　根据建筑布置，站台层连通道左右线结构净距为 1.94m。施工影响分析计算采用通用有限元分析软件 PLAXIS 建立盾构方案平面模型，模型边界尺寸为 160m×80m，土体采用 HS 本构模型。

施工步序分别为：第一条盾构施工，第二条盾构施工，上方小顶管施工。通过计算可知，在整个施工过程中，盾构隧道的最大变形约为 49.1mm（见图 2-17~图 2-22）。

图 2-17　计算模型

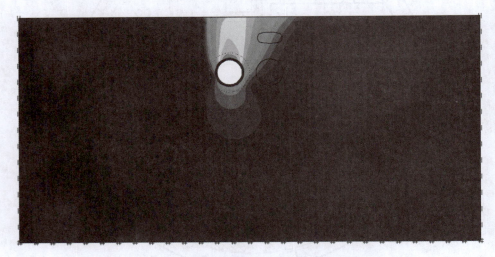

图 2-18　第一条盾构施工后土体变形云图

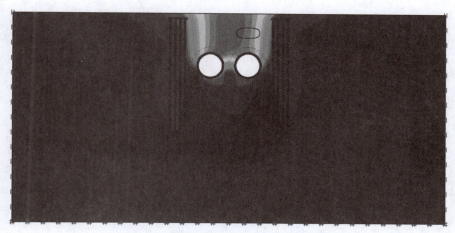

图 2-19　第二条盾构施工后土体变形云图

图 2-20　上方小顶管施工后土体变形云图

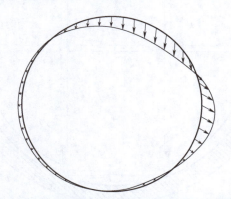

图 2-21　第二条盾构施工引起的先期成型隧道变形

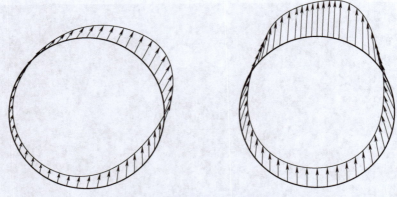

图 2-22 上方小顶管施工后盾构隧道变形

由于盾构法管片分块多，隧道柔性大，相邻通道施工相互影响大，成型隧道易变形，施工过程中需采取加固措施：

1）采用增设预埋注浆孔管片。第二条盾构掘进开始前，在已经施工的隧道内通过注浆对土层进行加固。通过管片上预留的注浆孔对已成型隧道的左侧（靠近右线侧）进行加固，以减小右线盾构施工时对左线的影响。

2）对已成型隧道采取内支撑加固措施（见图 2-23），以帮助管片承受外部的压力，控制管片的变形及滑动，从而改善左线隧道受力。

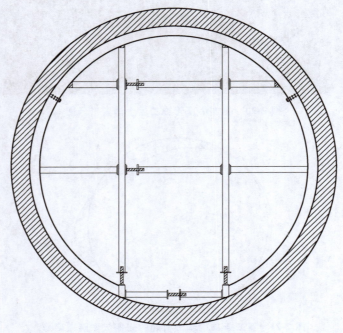

图 2-23 隧道内支撑加固

3）控制好盾构姿态，匀速、连续地推进，减小变速推进对周围土体的扰动。

4）严格控制管片拼装精度，确保防水材料处于最佳工作状态，防止管片渗漏水造成土体的沉降。

5）加强监测，做到"勤量测、速反馈"，盾构穿越后适时地打开管片注浆孔，进行二次注浆，并按"多点、均匀、少量、多次"的原则有序进行，直至地表及周边环境变形稳定。建议在成型隧道内布设自动化监测系统，将监测数据及时传输到监控室，对已成型隧道进行实时、精确的监测。此外，拟建隧道沿线地面沉降、建（构）筑物、地下管线也应作为工程中重点监测保护对象，根据监测数据，及时调整优化土仓压力、同步注浆压力、注浆量、盾构推进速度、盾构推力、出土量等施工参数，最大限度地减小盾构推进对周边环境的影响。

2. 断面尺寸为 8.85m×7.65m 的类矩形顶管结构

我国于 20 世纪 50 年代在北京、上海开始试用顶管法施工，初期主要为手掘式，设备也相对简陋，发展较为缓慢；直到 20 世纪 80 年代中期，我国顶管技术得到了一定的发展，1988 年，上海研制成功我国第一台土压平衡式顶管机；20 世纪 90 年代，矩形顶管技术才逐步从国外引进至国内，并在上海最先开始研发和应用。基于大城市交通的需求，我国的矩形顶管技术有了较大的发展。部分国内顶管工程，见表 2-5。

表 2-5 部分国内顶管工程

年份	工程名称	截面尺寸（宽×高）/（m×m）	顶程/m	顶管机	用途	地层
1999 年	上海地铁 2 号线陆家嘴站 5 号出入口人行地道顶管工程	3.8×3.8	62.25	组合刀盘土压平衡矩形顶管机	人行通道	灰色淤泥质粉质黏土
2004 年	上海市中环线虹许路北虹路下立交工程	3.42×7.85	130	土压平衡式矩形隧道掘进机	下穿公路隧道	淤泥质粉质黏土
2006 年	上海轨道交通 6 号线浦电路站过街出入口顶管工程	6.24×4.36	42.7	土压平衡式矩形隧道掘进机	地铁站出入口	淤泥质粉质黏土

（续）

年份	工程名称	截面尺寸（宽×高）/（m×m）	顶程/m	顶管机	用途	地层
2008年	苏州市齐门路北延下穿沪宁铁路工程	9.1×7.4	37	土压平衡式矩形隧道掘进机	下穿铁路隧道	淤泥质粉质黏土
2009年	上海轨道交通2号东延伸段张江高科站顶管工程	4×6	23	多刀盘土压平衡顶管机	地铁站出入口	淤泥质粉质黏土
2010年	上海轨道交通2号东延伸段金科路顶管工程	4.2×6.9	49.1	多刀盘土压平衡顶管机	地铁站出入口	灰色淤泥质粉质黏土
2012年	佛山市南海区桂城站过街通道工程	6.0×4.3	43.5	泥水平衡顶管机	过街通道	淤泥质土
2012年	武汉地铁2号线王家墩东站4号出入口顶管工程	4×6	62.4	多刀盘土压平衡顶管机	地铁站出入口	粉质黏土夹粉土

2014年，郑州市中州大道下穿隧道项目工程成功应用了10.4m×7.5m的超大断面矩形掘进机（见图2-24），代表着我国矩形顶管制造技术已经非常先进，也标志着我国异形断面施工设备和技术日趋成熟。上海14号线静安寺站采用的类矩形顶管断面布置如图2-25所示。

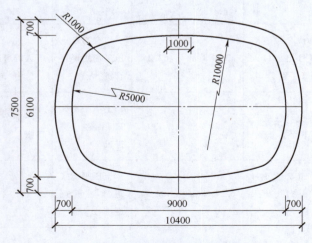

图 2-24　郑州市中州大道顶管断面

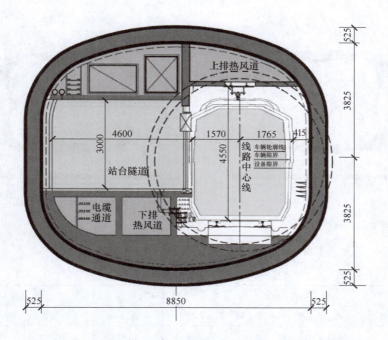

图 2-25　尺寸为 8.85m×7.65m 的类矩形尺寸顶管断面布置

（1）管节结构断面尺寸　类矩形结构断面内力受矢高比和宽高比的影响较大，采用等刚度环模型进行了分析计算（见图 2-26、图 2-27、表 2-6 和表 2-7），二者的影响规律如下：

1）矢高比增大，正、负弯矩均变小。

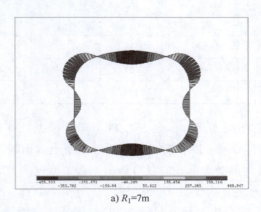

a) R_1=7m

图 2-26　不同矢高比管节弯矩图（单位：kN·m）

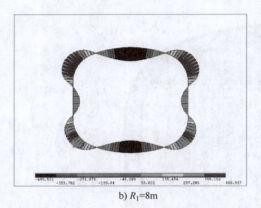
b) R_1=8m

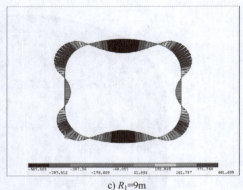
c) R_1=9m

图 2-26 不同矢高比管节弯矩图（单位：kN·m）（续）

注：R_1 为顶底部起拱半径。

表 2-6 不同矢高比管节内力

顶底部起拱 半径 R_1/m	弯矩/(kN·m)		轴力/kN		剪力/kN	
	M_{max}	M_{min}	N_{max}	N_{min}	Q_{max}	Q_{min}
7	433	−395	2449	1622	475	−475
8	456	−461	2467	1704	480	−480
9	508	−482	2481	1763	483	−483

2）宽高比减小，正、负弯矩均变小。

表 2-7 不同宽高比管节内力

a/b	弯矩/(kN·m)		轴力/kN		剪力/kN	
	M_{max}	M_{min}	N_{max}	N_{min}	Q_{max}	Q_{min}
1.29	506	−509	2538	1705	493	−493
1.21	456	−461	2467	1704	480	−480
1.14	406	−416	2399	1707	467	−467

静安寺站顶管管节断面尺寸，如图 2-28 所示，根据计算顶管管节若采用钢筋混凝土结构则需要 600mm 厚，若采用钢纤维混凝土结构则需要 550mm 厚。故推荐采用钢管节+后浇混凝土形式的复合管节，管节厚度为 525mm。

（2）管节结构分块　由于管节尺度较大，为便于制作、运输、吊装，取受力较小的位置处将管节分为两块（见图 2-29），同一管节内拼接缝在地面完成整体连接，并以整环形式顶推入顶管段。

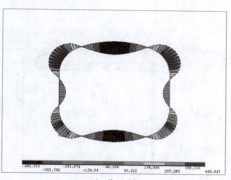

a) a/b=1.29

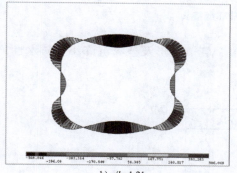

b) a/b=1.21

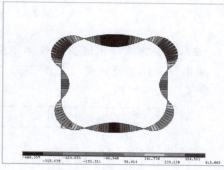

c) a/b=1.14

图 2-27　不同宽高比管节弯矩图（单位：kN·m）

注：a 为管节宽度，b 为管节高度。

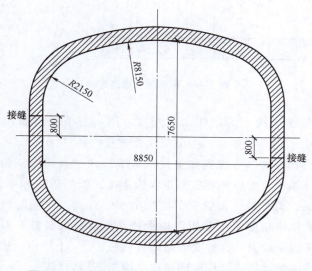

图 2-28　8.85m×7.65m 类矩形顶管管节断面尺寸

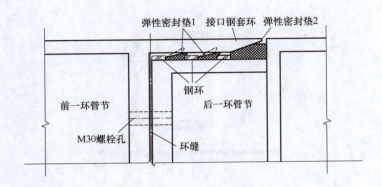

图 2-29 管节环缝接头

（3）拼装方式　错缝拼装整体刚度高，管节变形及差异沉降小，防水性能好，故推荐采用错缝拼装（见图 2-30）。

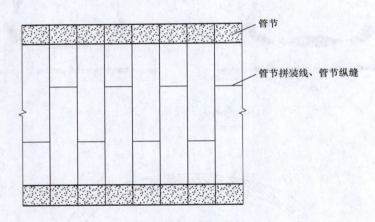

图 2-30 相邻管节错缝连接

（4）管节纵缝连接　为增强结构刚度，同一管节纵缝采用刚接处理，如图 2-31 所示，管节内外侧焊接，中间以螺栓连接。

（5）管节环缝连接　考虑到施工技术水平和顶进过程中纠偏的需要，管节环缝采用 F 型承插口，前后环管节采用螺栓连接，如图 2-29 所示。

（6）不均匀沉降控制　顶管管节结构由于接缝较少，同时纵缝采用刚接接头，通道结构的整体刚度相比采用盾构管片结构有较大提高，但考虑到轨道交通对不均匀沉降要求较高，且静安寺站站台层位于⑤$_1$土层中，通道下卧地层较差，需要采取措施增加通道结构纵向刚度来控制不均匀沉降。

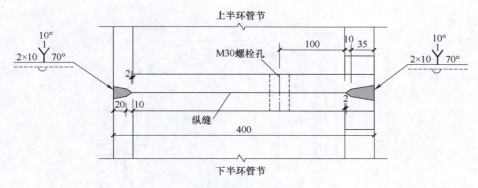

图 2-31 管节纵缝接头

主要措施：在钢管节顶进完成后，在隧道内部现浇钢筋混凝土，形成复合管节（见图 2-32），同时在管节结构上预留注浆孔（见图 2-33）。

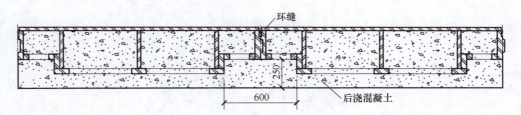

图 2-32 钢管节+后浇混凝土形成复合管节

（7）通道近距离施工影响　根据建筑布置，站台层连通道左右线结构净距为 2.05m。施工影响分析计算采用通用有限元分析软件 PLAXIS 建立盾构方案平面模型，模型边界尺寸为 160m×80m，土体采用 HS 本构模型。

施工步序分别为：第一条大顶管施工，第二条大顶管施工，上方小顶管施工。通过计算可知，在整个施工过程中，大断面顶管结构的最大变形为 18.5mm（见图 2-34～图 2-39）。

为减小顶管小间距顶进施工中的相互影响，可采取以下措施：

1）由于左右两条顶管断面大，之间净距较小，因此矩形顶管顶进时的轴线控制尤为重要，应严格遵循"勤测勤纠"原则，避免一次性大纠偏现象。

2）为减小近距离施工对已成型通道及地面沉降的影响，对顶进施工参数需做相应的调整，并进行严格的控制，确保匀速顶进，均衡施工，结合监测数据，及时调整施工参数。

3）加强减摩泥浆质量和压注量，控制减摩泥浆压力，保证和提高泥浆减摩效果，以减小土体摩阻力和掘进总推力，同时减小对相邻成型通道的影响。

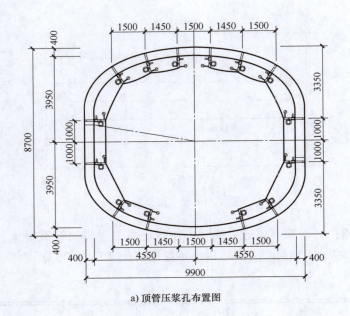

a) 顶管压浆孔布置图

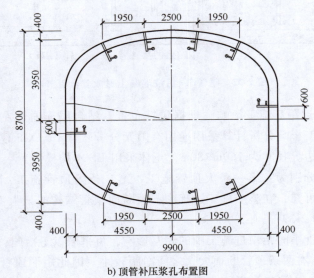

b) 顶管补压浆孔布置图

图 2-33　顶管管节预留注浆孔

4）对成型通道的稳定性监测必不可少。无论是测点布置、监测频率、信息传递，都应做到完善、准确、及时，以监测数据指导施工，尽可能减小对成型通道的影响，保证成型通道的质量。

第 2 章 软土地区车站非开挖施工方法的适用性研究

图 2-34 计算模型

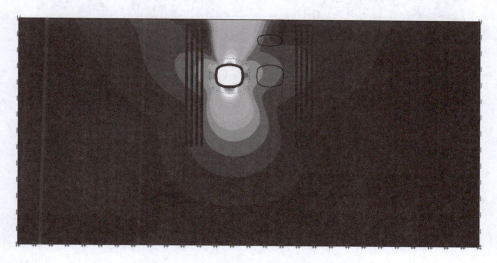

图 2-35 第一条大顶管施工后土体变形云图

5) 在第二条大顶管（右线大顶管）顶进开始前，对已完成的第一条大顶管（左线大顶管）进行浆液置换和成型通道单侧加固。通过管节上预留的注浆孔对已成型的大顶管的左侧（靠近右线侧）进行加固，以减小右线大顶管施工时对左线的影响；在右线大顶管施工完成后，以同样的方式先对右侧大顶管的右侧（靠近左线侧）进行加固，再对左、右两条大顶管的中间及底部进行加固，确保成型通道的稳定性。

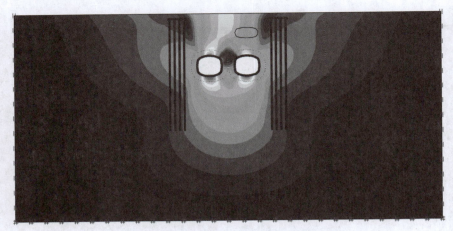

图 2-36　第二条大顶管施工后土体变形云图

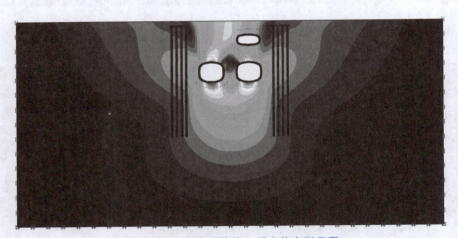

图 2-37　上方小顶管施工后土体变形云图

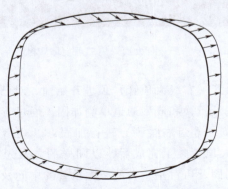

图 2-38　第二条大顶管施工引起第一条成型隧道结构变形

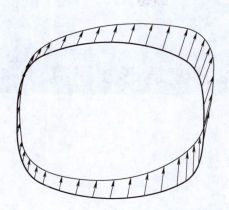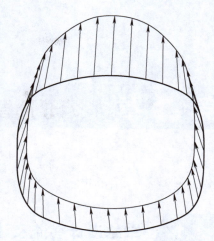

图 2-39 上方小顶管施工后大顶管结构变形

第 3 章　矩形顶管法车站建筑形式研究

3.1　车站设计客流及建筑组成

相对于传统的明挖车站，采用暗挖法的地铁车站建筑布置有着显著的不同，其核心是如何尽可能缩减车站规模，又同时满足车站建筑布置的适用性、安全性、舒适性和经济性。

地铁车站是一个人流聚集的公共建筑，车站建筑设计应有效满足使用功能，包括合理地设置出入口、AFC 系统、站内楼梯和扶梯，有序地组织进出站客流，以最大限度地避免客流交叉，提供满足高峰客流运输及突发客流疏散的设备和集散场地，方便地实现周边交通系统换乘和人行地下过街，具备足够的设备与管理用房等。上海市轨道交通 14 号线静安寺站，作为穿越上海市中心的 8A 编组地铁线中的三线换乘枢纽，不仅客流量巨大，而且现场可供建设面积极为紧张，要以尽可能小的暗挖车站规模实现上述功能，充满了挑战性。

根据全线工筹，全线初期、近期、远期设计年限分别为 2023 年、2030 年和 2045 年；经初期、近期、远期客流对比，车站规模根据本站远期早（晚）高峰小时预测客流量进行设计，本站 2045 年预测高峰客流量见表 3-1 和表 3-2，超高峰系数取 1.4。

表 3-1　2045 年预测高峰客流量　　　　　　　　（单位：人/h）

时间段	上行			下行		
	上客量	下客量	断面客流	上客量	下客量	断面客流
早高峰	7213	6863	42831	4733	9178	21904
晚高峰	8116	4028	24503	6532	6241	41317

第 3 章 矩形顶管法车站建筑形式研究

表 3-2 2045 年预测高峰分向客流量 （单位：人/h）

上客						下客					
东	南	西	北	换乘	合计	东	南	西	北	换乘	合计
2511	2929	2720	2301	4186	14647	2643	3083	2863	2422	5030	16041

14 号线静安寺站可分为明挖和暗挖两个部分。其中，明挖部分为地下三层单柱双跨结构形式，地下一层为站厅层，地下二层为设备层，地下三层为站台层；暗挖部分站厅层为一条净空断面尺寸为 8.44m×3.78m（宽×高）的类矩形通道，站台层为两条内净空为 8.85m×7.65m（宽×高）的类矩形通道，均采用顶管法施工。

车站总建筑面积为 24280m²，包括地下和地面两部分。地面建筑面积合计 1020m²；地下建筑面积合计 23260m²。包括车站主体建筑面积 13980m²，出入口通道建筑面积 5060m²，附属及风道建筑面积 5240m²。车站规模要素，见表 3-3。

表 3-3 车站规模要素

项目	统计值	项目	统计值
站中心里程	CK16+097.405	有效站台形式	岛式站台（直线）
站中心轨面高程/m	－18.400	线间距/m	16.14
车站长度/m	224.98（内净空）	有效站台宽度/m	13
车站标准段宽度/m	20.64（内净空）	总建筑面积/m²	24280
车站埋深/m	23.87	主体建筑面积/m²	13980
覆土厚度/m	3	附属建筑面积/m²	10300
车站高度/m	20.98	地下一层面积/m²	12110
出入口数量	6 个	地下二层面积/m²	5899
		地下三层面积/m²	5251
冷却塔数量	3 组	公共区面积/m²	5831
风亭数量	5 个	换乘大厅面积/m²	4562
电梯数量/ 爬升高度（台/m）	1/2.0（换乘）+ 1/9.10（出入口）+ 1/12.2（站内）	轨行区建筑面积/m²	2954
自动扶梯数量/ 爬升高度（台/m）	8/12.2（站内）+8/9.10	便民服务建筑面积/m²	无
自动检票机数量（台）	12（进站）+13（出站）+ 1（进、出两用）	商业部分建筑面积/m²	无
自动售票机数量（台）	10	换乘通道/ 车站面积/m²	1980

3.2 顶管暗挖段长度的确定

站位上方主要控制管线为：华山路下雨水 φ400mm/2.0m 混凝土，雨水 φ1000mm/1.8m 混凝土，给水 φ300mm/1.8m 铸铁，根据施工筹划将临时搬迁后原位复位。延安路下雨水 φ1200mm/2.2m 混凝土，雨水 φ1200mm/2.1m 混凝土，给水 φ1000mm/1.5m 钢。如果采用顶管暗挖方案，延安路重力管线均无搬迁要求。

结合延安路道路宽度、地下管线走向等因素，当顶管暗挖段总长采用70m时（见图3-1），不仅已经直接规避了低净空深围护施工风险，完全避免了施工期间对延安路方向交通的影响，也最大限度地减少了延安路方向管线搬迁的工程量。

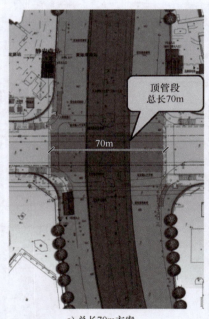
a) 总长70m方案

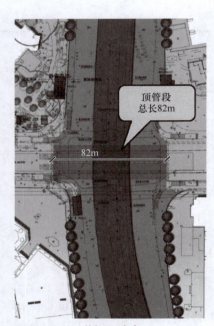
b) 总长82m方案

图 3-1 顶管暗挖段长度的关系图一

在此基础上，考虑到顶管进出洞加固区域的风险控制，尽可能采取在国内有大量成熟经验施工工法，进出洞拟采用垂直 MJS 加固措施，结合加固范围要求、建筑功能布置，兼顾楼梯和扶梯疏散点不超过100m 的要求，顶管暗挖段两端再增加 6m 长度范围,供垂直进出洞加固用,共 82m 长(见图 3-2)。

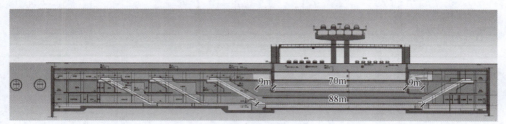

a) 总长70m方案

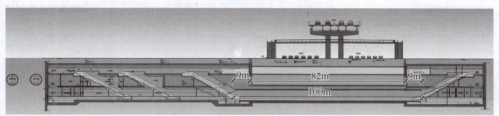

b) 总长82m方案

图 3-2 顶管暗挖段长度的关系图二

根据现行《建筑设计防火规范》,公共区站台必须保证 50m 内人员到达疏散楼楼梯的要求。故推荐方案以两楼楼梯之间间距极限值 100m 作为设计依据,扣除楼梯工作点内 8m 无障碍物的距离要求及盾构井 1m 的侧墙厚度,得出 [100-(8+1)×2]m=82m 的顶管管节极限长度。综上所述,最终顶管长度采用 82m 方案。

3.3 站台宽度的确定

根据关于该站远期客流预测数据,全日客流 20.3 万人,全日换乘客流 14.7 万人。顶管暗挖段共 82m 长,服务 4 节列车。顶管暗挖段两端设楼梯和扶梯,左侧以换乘客流为主,右侧以进出站客流为主(见图 3-3)。客流在站台存在方向性选择问题。

根据客流计算有效站台宽度为 3.5m。考虑到站台客流选择问题,站台宽度建议为:车站站台 4.6m=有效站台 3.5m+乘客通道 1.1m(2 股人流)。

根据客流仿真,平峰时段站台客流较均匀(见图 3-4);高峰时段,最大拥堵段在左数第三组扶梯处(见图 3-5),侧站台按 4.6m 宽设计基本可以满足要求。

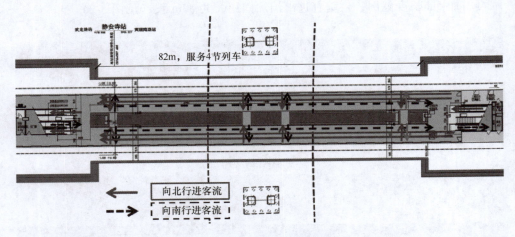

图 3-3　站台客流走形示意图

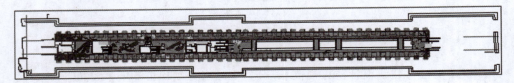

图 3-4　平峰时段仿真示意图

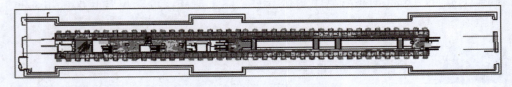

图 3-5　高峰时段仿真示意图

3.4　站台通道断面的确定

静安寺站暗挖顶管段定义为站台隧道（见图 3-6），此隧道内必须满足以下 3 项空间宽度要求：

1) 隧道管线敷设空间。
2) 列车设备限界。
3) 侧站台宽度。

顶管暗挖段净宽为 8.5m，其中包含宽度为 0.3m 设备管线敷设空间、列车设备限界、有效站台宽度为 4.6m。

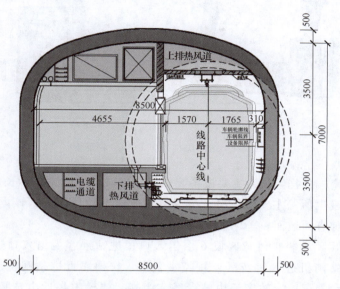

图 3-6　站台隧道断面示意图

3.5　车站分层平面设计研究

3.5.1　站厅层（地下一层）设计

如图 3-7 所示，顶管暗挖方案车站站厅南北两侧分为两个公共区，中间由 8.5m 净宽顶管人行通道连接，满足地下过街行人的需求。设备管理用房位于公共区南侧。公共区由栏杆与检票机分割为非付费区与付费区。北侧付费区采取两端进、中间出的方式，使客流尽量减少交叉，也使中部客服中心可就近服务出站客流与中部的无障碍电梯。南侧付费区主要服务延安路南侧进出站客流。

站厅站台共设置 4 组上、下行自动扶梯直达地下三层站台，3 组朝向北侧换乘方向，以兼顾换乘客流；1 组朝向南侧，服务延安路南侧进出站客流。中部还设有一部无障碍电梯实现站厅至站台的无障碍沟通。进站闸机布置在付费区的两侧，出站闸机布置在公共区中部，使客流尽量减少交叉，也使车站的功能分区明确。

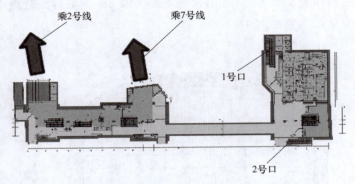

图 3-7 站厅层（地下一层）平面图

公共区南端外挂区域为主要设备管理用房区域，车控室、站长室、警务室、AFC 机房、变电所等主要设备用房及消防疏散楼梯均位于此，该内设一部消防人员专用楼梯直通地面。

站厅公共区两端非付费区设 6 个出入口；进站乘客由出入口进入站厅层，通过两端进站闸机进入付费区，并经 4 组楼、扶梯靠近进站闸机侧的下行楼、扶梯下至站台乘车；出站客流由站台经 4 组楼、扶梯中靠近出站闸机侧的上行楼扶梯上至站厅，经出站闸机集中出站；车站北侧三组楼扶梯朝向换乘方向，南侧一组楼、扶梯朝向南侧。车站主要进出站客流与换乘客流反向，客流基本无交叉。

3.5.2 设备层（地下二层）设计

顶管暗挖方案车站地下二层为设备层（见图 3-8），设备层分为南、北两部分。南、北两部分设备用房在设备层不连通，需连通管线通过站厅层及站台层沟通设置。南、北两部分设备用房均有独立的出地面出入口，满足消防要求。

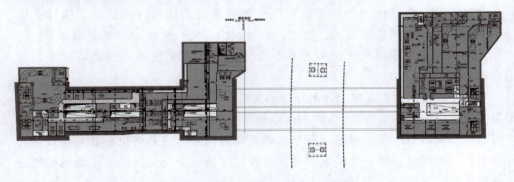

图 3-8 设备层（地下二层）平面图

该层主要布置了车站的大部分设备用房,主要有信号设备室、通信设备室、环控机房、区间活塞风机房等。同时,南、北两侧设备用房无联通,两侧主体各设置一组新排风风道及机房。

3.5.3 站台层(地下三层)设计

该站为三层换乘站(见图3-9),受延安高架路桥墩控制,该站有效站台宽度为13m。站厅站台共设置4组上、下行自动扶梯直达地下三层站台,3组朝向北侧换乘方向,以兼顾换乘客流;1组朝向南侧,服务延安路南侧进出站客流。中部还设有1部无障碍电梯实现站厅至站台的无障碍沟通。其中,不少于2组上、下行自动扶梯;两端为少量设备管理用房,乘客通过公共区内4组楼、扶梯(其中2组设置有上、下行双向扶梯)和1部无障碍电梯进行乘降。

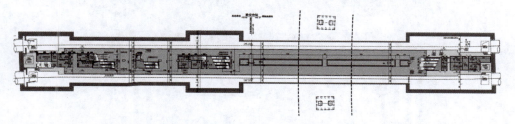

图 3-9 站台层(地下三层)平面图

站台顶管部分长约为82m,每侧站台宽度为4m。两侧站台之间,采用连通道相连接。相比较明挖方案,考虑到换乘客流及服务水平,顶管暗挖方案将公共区从左数第3组楼、扶梯由原来的2扶梯1楼梯(直跑楼梯)增至3扶梯1楼梯(折跑防烟楼梯)。根据上海市消防局要求,公共区楼梯之间疏散距离应满足100m的要求。

3.6 顶管暗挖段建筑竖向设计研究

暗挖段合计三条地下通道,呈品字形布置,明、暗挖段相对关系详见车站主体纵剖面图,如图3-10所示,地下通道之间相对关系见车站暗挖段横剖面图,如图3-11所示。车站站中心处右线轨面标高-18.400m。地下一层为站厅层,上层结构板下至地坪装修面高为4.7m,装修后吊顶下净高不小于3.0m,车站顶板覆土厚约为3m;地下二层为设备层,上层结构板下表面至地坪装修面高为5.65m,装修后吊顶下净高为3.0m。其中,变电所净高为3.65m,变电所下电缆夹层净高为1.8m;地下三层为站台层,上层结构板下表面至地坪装修面高为

5.00m，装修后吊顶下净高为3.0m。

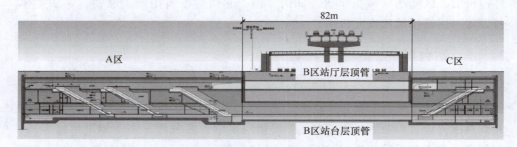

图 3-10　车站主体纵剖面图

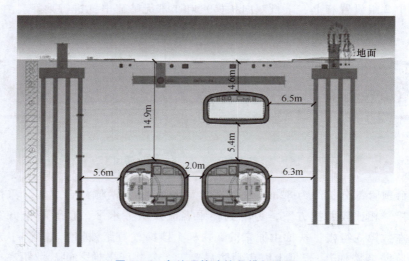

图 3-11　车站顶管暗挖段横剖面图

3.7　车站防灾设计研究

3.7.1　防火分区

　　车站共设 7 个防火分区。站厅公共区和站台层为 1 个防火分区；站厅的东端设备管理用房为 1 个防火分区，站厅的中部设备管理用房为 1 个防火分区。其中，东侧防火分区为有人区，设消防专用出入口 1 个，可结合车站东端风井直通地面；另设向站厅层公共区 2 处开口，以满足消防疏散要求。车站设备层分为 4 个防火分区，车站西侧设备用房为 1 个防火分区，中部管理用房分设 2 个防

第 3 章　矩形顶管法车站建筑形式研究

火分区，车站中部环控用房单独设置防火分区。其中设备层东侧管理用房防火分区为有人区，设消防专用出入口 1 个，可结合车站东端风井直通地面；车站站台层两侧管理用房为防火单元。除公共区防火分区外，其余防火分区面积均小于 1500m²。

3.7.2　防烟分区

站厅、站台公共区和设备及管理用房均划分防烟分区，且防烟分区不跨越防火分区。站厅、站台公共区均以站中心处柱子为界划分防烟分区，每个防烟分区的建筑面积不超过 2000m²，设备及管理用房每个防烟分区的建筑面积不超过 750m²。

3.7.3　消防分区

消防人员可经由站厅东端设备管理区消防专用出入口，直接抵达消防泵房和车控室等用房区，并经由站厅层消防专用通道直达站厅至站台楼梯间，进而到达站台层进行救援。

3.7.4　人防分区

14 号线静安寺站平时为地下站，战时作为城市的人民防空疏散及人员的临时掩蔽所，按 6 级抗力设计。车站西端与区间连通处设区间人防门，整个车站与车站东端至武定路区间为 1 个防护单元。车站 1 号和 2 号出入口作为战时人员出入口。车站中部新风井、排风井为战时人防进、排风井，其余风井临战封堵。

3.7.5　防涝处理

车站所有出入口平台（包括无障碍电梯室外平台）标高均比室外地面标高高出不小于 450mm，并预留 800mm 高防淹闸槽；车站风井均采用高风井设计，侧向风口开口高度不低于 2m，以满足防洪要求。该站两端区间未穿越较大河流，无须设置区间防淹门。

3.8　换乘方式研究

14 号线静安寺站与既有 2、7 号线成"门"字形换乘（见图 3-12）。根据前期研究，初期、近期 14 号线通过改造静安寺下沉广场及伊美地下空间，形成超宽换乘通道直接接入 2 号线车站（见图 3-13）。并通过 2 号线公共区实现与 7 号线的换乘，该方案结合静安区静安寺广场及伊美广场改造方案一起实施；远期考虑在 2 号线南侧改建并增设与 7 号线的换乘通道，实现三线单循环换乘。

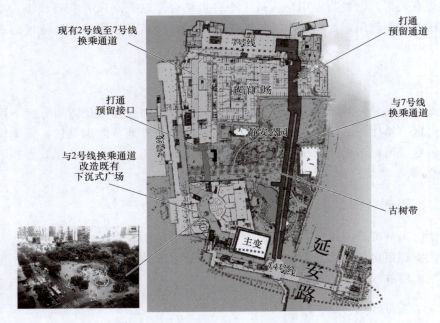

图 3-12　轨道交通静安寺站枢纽换乘关系鸟瞰图

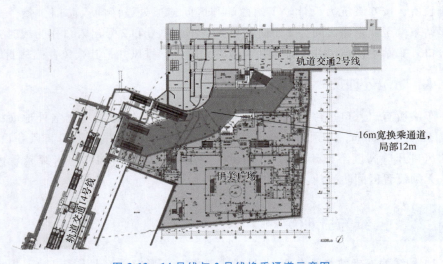

图 3-13　14 号线与 2 号线换乘通道示意图

第 4 章　大断面顶管管节设计关键技术研究

4.1　大断面顶管结构断面设计及材料选择

4.1.1　横断面宽度和高度

大断面顶管断面的选择不仅应包络建筑专业需求确定合适的限界大小，同时应基于受力合理的角度优化确定最终断面（见图4-1）。

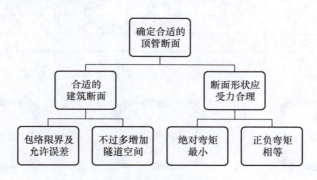

图 4-1　大断面顶管断面设计原则

按照上海市轨道交通 14 号线车辆设计标准，全线采用 8 节编组的 A 型车，根据限界要求，线路中心线距离站台 1570mm，距离设备限界最外侧为 1765mm。考虑 ϕ415mm 的管线敷设空间、200mm 的装修层厚度以及 4600mm 的站台宽度，直线段不计曲线加宽，合计断面净宽度为 8550mm。结合顶管施工工艺要求，考虑施工误差为 150mm，断面总宽度为 8850mm。

顶管段断面高度主要受管节受力、设备布置、叠交顶管施工净距、明挖段建筑布置等多方面因素的影响。

站台层顶管覆土较厚，采用拱形断面以减小结构内力。类矩形结构断面内力受矢高比（拱形段的矢高与跨径之比）和宽高比（整个断面的宽度与高度之比）的影响较大，采用等刚度环模型进行了分析计算，管节弯矩图，如图 4-2 和图 4-3 所示，管节内力计算结果，见表 4-1 和表 4-2。对比发现二者的影响规律如下：当断面矢高比增大或宽高比减小时，管节的正、负弯矩均变小。

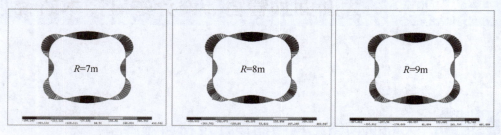

图 4-2 不同矢高比管节弯矩图（单位：kN·m）

注：R 为顶底部起拱半径。

表 4-1 不同矢高比管节内力计算结果

R/m	弯矩/(kN·m)		轴力/kN		剪力/kN	
	M_{max}	M_{min}	N_{max}	N_{min}	Q_{max}	Q_{min}
7	433	−395	2449	1622	475	−475
8	456	−461	2467	1704	480	−480
9	508	−482	2481	1763	483	−483

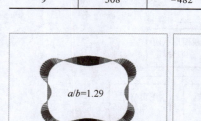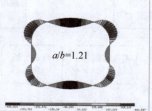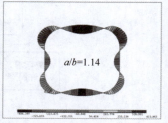

图 4-3 不同宽高比管节弯矩图（单位：kN·m）

注：a、b 分别为管节宽度、高度。

表 4-2 不同宽高比管节内力计算结果

a/b	弯矩/(kN·m)		轴力/kN		剪力/kN	
	M_{max}	M_{min}	N_{max}	N_{min}	Q_{max}	Q_{min}
1.29	506	−509	2538	1705	493	−493
1.21	456	−461	2467	1704	480	−480
1.14	406	−416	2399	1707	467	−467

在上述成果的基础上，考虑到站台层顶管断面较大，为便于管节的运输、吊装，在弯矩零点处设置管节纵缝，并对纵缝处不同接头刚度进行模拟分析，分别按照刚性环、半刚性环、铰接环三种结构计算模型对比接头刚度对管节内力的变化规律（见图 4-4 和表 4-3）。其中，刚性环模型中考虑管节纵缝接头为完全刚性连接，接头与管节本体具有同等刚度；半刚性环模型中考虑管节纵缝接头的刚度削弱，参考相关资料，接头抗弯刚度取 50000kN·m/rad；铰接环模型中考虑管节纵缝接头为完全铰接的最不利状况。计算结果表明，纵缝接头刚度对管节弯矩影响最显著，铰接环模型最大弯矩超过刚性环模型的 30%，因此纵缝接头应采取合适的构造加强措施，保证管节刚度连续。

图 4-4　不同结构计算模型管节弯矩图（单位：kN·m）

表 4-3　不同结构计算模型管节内力计算结果

模型	每延米的弯矩/(kN·m/m)	每延米的轴力/kN	每延米的剪力/kN
等刚性环	−461~456	1704~2467	480
半刚性环	−544~393	1604~2374	471
铰接环	−610~355	1597~2377	475

综合上述分析，考虑到顶管段作为车站主体的一部分，断面高度尚需统筹考虑上排热风道、下排热风道、电缆通道、通风管及其他设备的布设空间，兼顾站台层顶管与站厅层顶管之间的施工净距、明挖工作井的开挖深度等因素，内净高取为 7650mm，拱部半径约为 8.3m，站台层顶管通道断面布置，如图 4-5 所示。

4.1.2　管节材料选择

顶管管节材料可采用钢筋混凝土、钢、铸铁、钢-混凝土复合等类型，管节材料对比，见表 4-4。常规顶管工程从工程造价的角度考虑，一般优先采用钢筋混凝土管节，但在大开孔部位或构件尺寸偏大难于运输作业等情况下，钢筋混凝土管节往往无法适用。

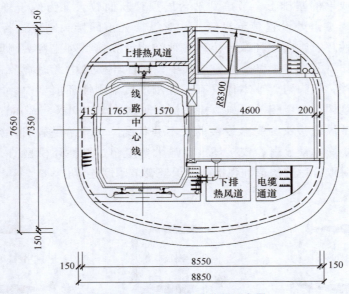

图 4-5　站台层顶管通道断面布置

表 4-4　管节材料对比

项目	材料			
	钢筋混凝土	钢	铸铁	钢-混凝土复合
质量（按 2m 管节）	约 89t	约 48t	约 48t	约 48t（不含后浇钢筋混凝土）
制作	简单	简单	复杂	简单
防腐	好	一般	好	较好，内部后浇混凝土起到保护隔离作用
防水	一般，环缝易渗漏水	一般，环缝易渗漏水	一般，环缝易渗漏水	较好，内部后浇混凝土兼具防水功能
施工效率	略快	略快	略快	一般，内部后浇混凝土施工较复杂
运输	每环分成 2 块，约 5m 宽，需占用 2 车道	每环分成 2 块，约 5m 宽，需占用 2 车道	每环分成 2 块，约 5m 宽，需占用 2 车道	每环分成 2 块，约 5m 宽，需占用 2 车道
占用场地	地面拼装、翻身、吊装至井下	地面拼装、翻身、吊装至井下	地面拼装、翻身、吊装至井下	地面拼装、翻身、吊装至井下
造价	一般	较高	较高	较高

站厅层顶管采用常规的钢筋混凝土管节。站台层横断面几何尺寸较大,需设置横向联络通道,通过对管节质量、施工运输、结构耐久性等多方面综合考虑,采用钢管节+后浇钢筋混凝土结构形式的复合管节,其中顶管施工阶段为钢管节,顶管贯通后浇筑钢筋混凝土形成复合管节。

如图4-6和图4-7所示,钢管节由背板、纵向肋板、横向肋板等构件组成,纵向肋板间距约为480mm,横向加劲肋板间距约为500mm。后浇混凝土强度等级为C35,抗渗等级为P10,钢筋混凝土结构纵向贯通。钢管节厚度为400mm,后浇混凝土浇筑后复合管节总厚度为525mm。

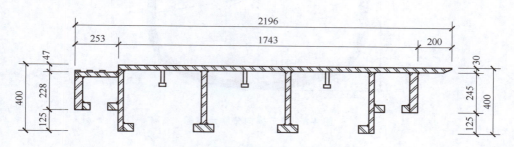

图4-6 钢管节断面图

图4-7 钢管节实景图

4.2 大断面顶管管节分块设计

常规顶管因断面尺寸小,管节一般采用整节预制成型的方式,在工作井内下放并逐节顶入,管节整体性好且施工流程较简单。14号线静安寺站顶管通道断面是常规矩形顶管的4倍,且拟建场地处于中心城区,交通繁忙,大尺度管节运输困难。基于最少分块原则,为满足运输、吊装条件,同时便于工厂流水化生产,设计中将每个单环管节在弯矩较小处分为完全相同的两块,单块宽度约为5m,单块质量约为24t(见图4-8)。每环管节的两个分块运输至现场后配对、拼接形成整体,再在工作井内以整环进行顶推施工,纵向相邻两管节的纵缝间隔对称。

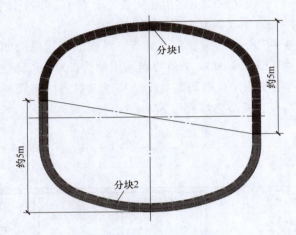

图 4-8 管节横向分块示意图

为增强管节的结构刚度和防水性能,钢管节纵缝接头采用焊接处理,焊缝在接头位置兜绕成环,以达到刚接接头的要求。管节在工厂预制时,纵缝位置预留焊接坡口,便于现场焊接施工(见图 4-9)。

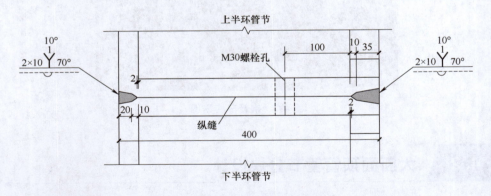

图 4-9 管节纵缝节点构造图

在能满足施工要求的前提下,管节环宽越大,其纵向刚度也越大。综合考虑,下管节环宽取 2m。考虑到保证管节施工推进时调节姿态的需要(见图 4-10),环缝处采用 F 型承插口接头设计。为提高使用阶段顶管段的整体刚度,环缝处整环设计 24 个 M30 高强螺栓进行连接。

第 4 章 大断面顶管管节设计关键技术研究

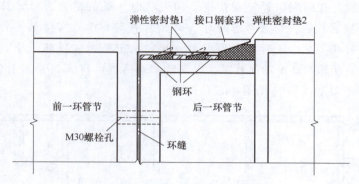

图 4-10 管节环缝节点构造图

4.3 大断面顶管复合管节加劲肋优化

4.3.1 加劲肋开孔

复合顶管结构中的钢顶管设置有多条纵向与横向加劲肋，虽增加了顶管结构的刚度，对于复合顶管结构施工与使用阶段变形的控制起了一定作用，但是在浇筑钢顶管内部的混凝土层时，加劲肋的设置大大增加了混凝土浇筑的工作量与工作难度，且加劲肋箱格内的混凝土彼此独立，对于钢与混凝土相互作用不利，因此结构优化方案之一是在纵向与横向加劲肋上开设孔洞，尺寸为200mm×200mm，开孔后的钢顶管有限元模型，如图4-11所示。

a) 开孔后整体模型

b) 加劲肋模型

图 4-11 加劲肋开孔后钢顶管有限元模型

59

对加劲肋开孔的钢顶管模型在施工顶进状态 1 下的受力进行计算分析，状态 1 为 A 环顶管顶进，荷载考虑为对 A 环顶管直接与土直接接触的外表面上施加施工横向荷载，A 环顶管承受顶推力、侧向水土压力、顶部土压力、局部注浆压力以及地面超载。A 环顶管首、尾部较中部薄弱，将 A 环顶管分为 4 部分：1 段、2 段、3 段和 4 段（见图 4-12）。

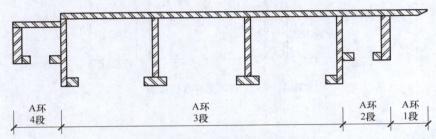

图 4-12　A 环顶管分段示意图

1. 仅水土压力作用计算结果

顶推完成至后浇混凝土期间，存在顶推力撤出的情况，此时仅存在横向水土荷载；不考虑纵向顶推力，仅横向荷载作用下，A 环顶管最大应力为 189MPa，出现在 A 环 3 段环向加劲肋处（见图 4-13）。X 向变形最大约为 6.3mm，出现在两肩处，如图 4-14 所示。顶管顶底部相对 Y 向变形为 7.91cm － 6.23cm ＝ 1.68cm（见图 4-15）。可见，加劲肋开孔的钢顶管在施工顶进状态 1 下的应力满足 Q345 钢材的强度要求 265MPa，横向与竖向变形与无开孔模型比较并未显著增大。

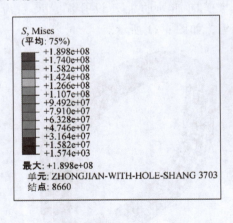

图 4-13　整体应力云图（单位：Pa）

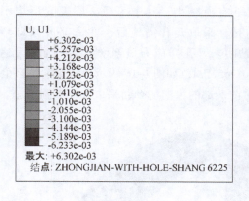

图 4-14　X 方向变形云图（单位：m）

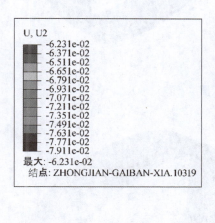

图 4-15　Y 方向变形云图（单位：m）

2. 水土压力与顶推力同时作用计算结果

在施工顶推时，千斤顶顶推力作用在环尾，对于加劲肋开孔的钢顶管在顶推力作用下，整体应力云图，如图 4-16 所示，X、Y 方向变形云图，如图 4-17 和图 4-18 所示。管环整体变形减小，其中沿 X 方向最大变形为 5.6mm，沿 Y 方向最大变形为 6.6mm，较无顶推力状态下有所减小，其中 1 段 2 段上变形均不足 1mm，在此不再列出；但值得注意的是，采取开孔措施后，在 A 环 4 段即环前端部的接头处的纵向加劲肋（此处加劲肋未开孔）应力显著增大，应力最大达到 325MPa，已超过 Q345 钢的强度设计值 265MPa，如图 4-16 所示，整个前端环的应力均较大，而非局部应力集中，故须对前端部的纵向加劲肋采取加厚补强措施。

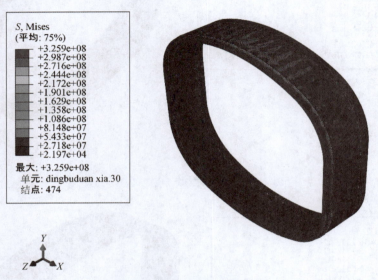

图 4-16　整体应力云图（单位：Pa）

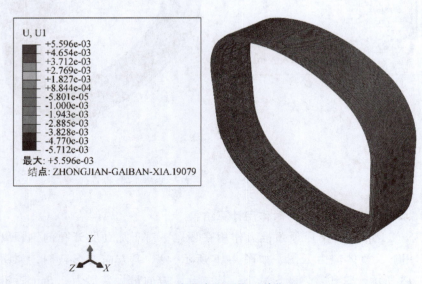

图 4-17　X 方向变形云图（单位：m）

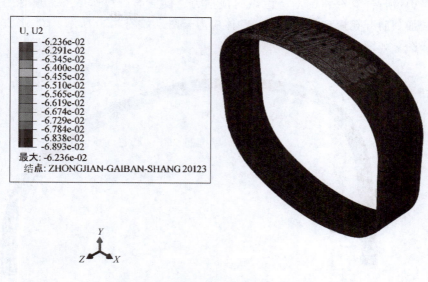

图 4-18　Y 方向变形云图（单位：m）

接头部位为钢顶管结构的薄弱环节，在结构设计中应有所加强。但是值得注意的是，在原有设计方案中，环前端与环尾部接头部位因设置雌雄接头，钢环环身的尺寸由 400mm 减小为 250mm，外圈钢板厚度为 30mm，纵向加劲肋板厚度为 30mm，均与环身处一致，因此在原有设计方案中接头处并未加强，反而较环身处减弱。原设计方案中，钢顶管顶进完成后，在内部浇筑混凝土层，形成钢-混凝土复合顶管结构，因内部的混凝土层为连续浇筑，若接头处较弱，在外部环境变形作用下混凝土易出现裂缝，因此钢顶管的接头不宜设置为柔性接头，宜设置为刚度较大的接头，接头构造应加强。

4.3.2　前端部加劲肋加强

由前述分析，钢顶管环身的纵向及横向加劲肋板开设 200mm×200mm 孔洞后虽有利于混凝土的浇筑及钢-混凝土共同作用的发挥，但是开设孔洞后导致结构在顶推力作用下接头部位纵向加劲肋的应力显著增大，超过 Q345 钢的强度设计值，因此考虑增加 A 环 4 段（即顶管前端部接头处）纵向加劲肋的厚度 75mm，A 环 4 段纵向加劲肋加厚后的有限元模型，如图 4-19 所示。

1. 仅水土压力作用计算结果

对环身加劲肋开孔且前端部加劲肋加强后的钢顶管模型在施工顶进状态 1

下的受力进行计算分析，不考虑纵向顶推力，仅横向荷载作用下，顶管的应力变形较加劲肋开孔模型并不显著，整体应力云图，如图 4-20 所示，X、Y 方向的变形云图，如图 4-21 和图 4-22 所示。

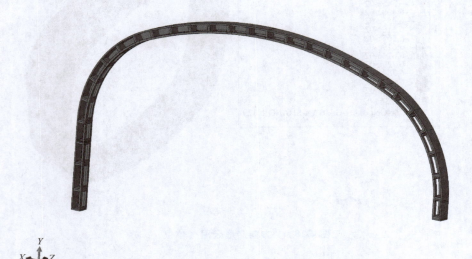

图 4-19　A 环 4 段纵向加劲肋加厚后的有限元模型

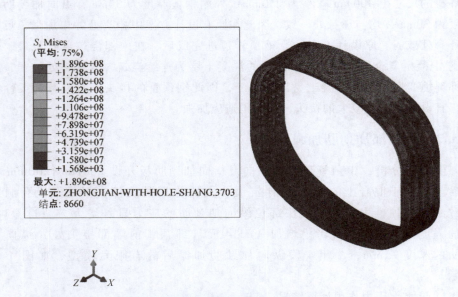

图 4-20　整体应力云图（单位：Pa）

图 4-21 X 方向变形云图（单位：m）

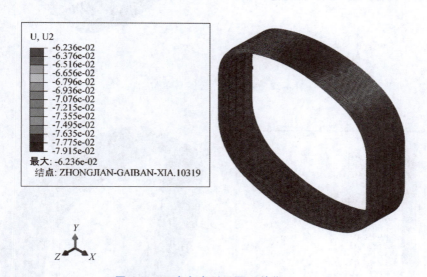

图 4-22 Y 方向变形云图（单位：m）

2. 水土压力与顶推力同时作用计算结果

对于加劲肋开孔且接头处纵向加劲肋加强后的钢顶管在顶推力与横向水土共同作用下，整体应力云图，如图 4-23 所示，X、Y 方向变形云图，如图 4-24 和图 4-25 所示。由图可见，接头处纵向加劲肋后加强后，应力明显减小，钢顶管整体的应力最大值减小为 203MPa，满足小于 Q345 钢的强度设计值 265MPa 的要求。同时，管环整体变形也较未加固模型减小，其中沿 X 方向最大变形减为 3.8mm，Y 方向变形最大值减为 3mm。可见，当对顶管环身的纵向及环向加筋肋板开设孔洞后，加强接头处加筋肋板可以满足钢顶管在施工顶进过程中同时承受横向水土压力及顶推力同时作用的要求。

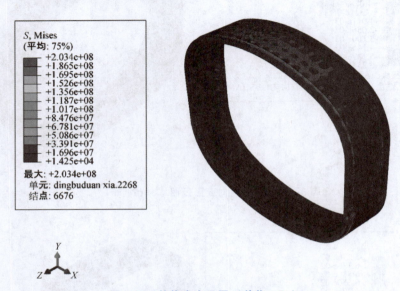

图 4-23　整体应力云图（单位：Pa）

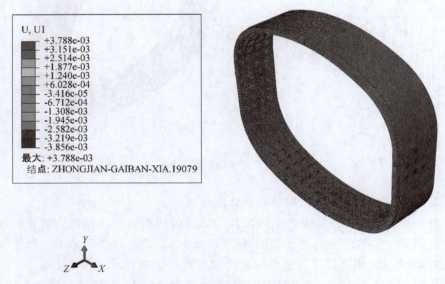

图 4-24　X 方向变形云图（单位：m）

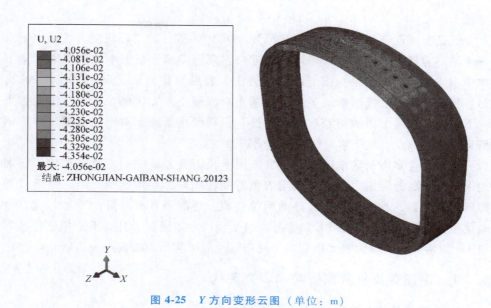

图 4-25　Y 方向变形云图（单位：m）

综上所述，通过结构优化设计，对钢顶管环身纵向与横向加劲肋板开设 200mm×200mm 孔洞，可提高混凝土浇筑便利性，加强钢与混凝土相互作用，但同时，需要对钢顶管前端部接头处的纵向加劲肋加厚加强后才可以满足钢顶管对横向水土荷载及顶推力的承载要求。

4.4　大断面顶管复合管节防腐关键技术研究

上海地区潜水水位埋深 0.3~1.5m；微承压水或承压水水位埋深分别为地下 3.0~8.0m 和 3.0~10.0m，并呈幅度不等的周期性变化；轨道交通地铁车站和盾构隧道的埋深为 10~30m。因此，地铁车站和盾构隧道外表面的水压力较大，从而使得地下水和水中的有害离子的渗透速度增大。上海是沿海城市，水质情况比较复杂，地下水中的氯离子（Cl^-）和硫酸根离子（SO_4^{2-}）含量在靠近长江口附近区域有明显增加；沿海或者长江口沿线的地铁车站和盾构隧道的混凝土结构存在 Cl^- 和 SO_4^{2-} 等化学侵蚀的可能性。上海地区属亚热带海洋性季风气候，地表极低温度为 -9.4℃，最冷月平均温度为 4.1℃，高于微冻地区的气温要求，钢-混凝结构基本不受冻融循环作用的影响。上海地铁车站运营期间的温度为 25~28℃，相对湿度为 40%~80%。站台及站厅的相对湿度变化幅度较大，且二氧化碳（CO_2）浓度较高，运营期间接近 0.15%；区间隧道及站台交界处的相对湿度变化幅度较小，且 CO_2 浓度较低。因而站台及站厅的钢-混凝土结构碳化程度较大。

根据上海市《岩土工程勘察规范》(DGJ 08-37—2012) 规定,场地地下水环境类型为Ⅲ类。据调查,场地及附近未发现污染源。根据本次所采取的地下水样水质分析报告成果,按上海市《岩土工程勘察规范》(DGJ 08-37—2012) 初步判定:工程沿线浅部地下水和地基土对混凝土具有微腐蚀性,干湿交替条件下对钢筋混凝土中的钢筋具弱腐蚀性,长期浸水条件下对钢筋混凝土中的钢筋具有微腐蚀性,地下水对钢结构具弱腐蚀性。

钢管顶管多用于输水工程,很少应用于长距离大断面的地铁隧道施工,埋地钢管外防腐的使用寿命直接决定着钢管的使用寿命。用于顶管施工的钢管外防腐更为重要,不仅要具有良好的耐蚀性能,还需要具有良好的耐磨性能。自动化生产性能良好的三层PE钢管外防腐受生产设备限制,且其不适用于管径大于1m的钢管,所以大断面顶管施工隧道管片的防腐措施需要进一步研究。

4.4.1 钢顶管及复合顶管防腐研究现状

1. 外防腐层施工措施

静安寺车站采用钢顶管法施工,比长距离输水钢管要求使用年限长,具有检修和改造工程量大且费用高、腐蚀不易察觉(埋地敷设的隐蔽工程)的特点,为此对外防腐层选择的要求高,应具备以下性能:①有较高的电绝缘性能,一般不应小于 $10000\Omega/m^2$,且能有效地保持绝缘电阻随时间恒定不变;②有优良的耐磨性能、较强的机械强度、抗冲击强度;③有良好的隔水屏障性;④涂层缺陷最少,且对钢铁表面有良好的黏结性;⑤有较好的耐化学性和抗老化性,补伤容易;⑥有良好的抗阴极剥离性能,物理性能保持能力强,对环境无毒;⑦防腐层的材料和施工工艺对母材的性能不应产生不利的影响。根据上述顶管外防腐层要求,目前在埋地钢管中常用的涂层类型有:环氧煤沥青涂层、环氧玻璃鳞片涂层、环氧粉末涂层、聚乙烯胶粘带、厚浆型高固体分涂层、无溶剂聚氨酯涂层。

(1) 环氧煤沥青涂层 环氧煤沥青一般以环氧树脂为基质,加以煤沥青或煤焦油、增塑剂等进行改性以增强涂层的耐水和耐碱等耐化学品性能和抗菌的能力,对金属具有很好的附着性,而且施工简便,特别适用于不便于作业线涂敷的异形管件和阀门等构件的防腐蚀,成为长输管道及油气管网外防腐涂层的常用材料之一。其缺点是施工过程不易机械化操作,质量不易控制,缺陷较多,而且不耐紫外光线照射,不能用于大气中长期受阳光曝晒的场合。

(2) 环氧玻璃鳞片涂层 环氧玻璃鳞片涂料主要由环氧树脂、玻璃鳞片、颜料、固化剂、助剂和溶剂等组成。当环氧玻璃鳞片涂料固体成分超过80%,

一次涂敷干膜厚度可达 100μm 以上。同样，由于涂料中组分含有大量玻璃鳞片，因此成膜后屏蔽性强，耐溶剂性好，能有效阻止腐蚀介质的渗透，达到隔离防锈目的。环氧玻璃鳞片涂层主要适用于埋地和水下钢质管道的外防腐，比通常的环氧防腐涂层具有更好的抗介质渗透性和耐磨性。由于其一般采用手工刮涂成型，工艺复杂，且在成型过程中易产生内部缺陷、内应力、微裂纹和微气孔等缺陷，使其在工程应用上受到限制。

（3）环氧粉末涂层　环氧粉末涂料为粉末状颗粒，每个颗粒都均匀地包含环氧树脂、固化剂等成分，使涂敷的操作过程以及涂料成膜后的涂层都具有连续稳定的均匀性，固化交联充分。更重要的是，环氧粉末受热固化交联而形成连续的热固性聚合物，会与钢管形成有效的化学结合，大大提高防腐层质量。由于其具有优良的黏结性、耐蚀性、耐阴极剥离性、耐老化性、耐土壤应力等，使用温度范围宽（普通熔结环氧粉末为 $-30 \sim 100$℃；有的产品可达 120℃甚至更高温度），熔结环氧粉末涂层成为国内外管道外防腐涂层技术的主要类型之一。

（4）无溶剂聚氨酯涂层　无溶剂聚氨酯涂料为 100% 固体含量涂料。它包含两种组分：一种是多异氰酸酯溶液，另一种是多元醇溶液。当两种组分混合时，反应形成聚氨酯涂层，其反应过程是快速、放热的化学聚合反应过程。无溶剂聚氨酯涂层耐冲击性好，韧性高，附着力、耐化学腐蚀性能优良。它自 20 世纪 70 年代起，欧美国家大范围使用；到 20 世纪 90 年代，我国开始使用，由于价格相对较高，用户相对较少。2005 年，国家发展和改革委员会发布《管道无溶剂聚氨酯涂料内外防腐层技术规范》（SY/T 4106—2005）。

（5）聚乙烯胶粘带　聚烯烃防腐涂层体系主要包括：胶粘带系列、聚烯烃包套系列和三层聚烯烃系列等，虽然聚烯烃抗水和耐磨能力较好，但是由于其底部热胶或冷胶的黏结强度较低，在顶管中受到土壤摩阻和顶管头部剪切力会造成聚烯烃的剥离。由于聚烯烃的阻水性强，在底层防腐涂层被破坏后，无法达到阴极保护，造成非常明显的阴极屏蔽现象，产生局部腐蚀和应力腐蚀开裂的概率非常大，底层单薄的底漆起不到长期的耐蚀作用。

（6）厚浆型高固体分涂层　厚浆型高固体分涂层又称为普通多层有机涂层。管道多层有机涂层体系常由富锌底漆、环氧云铁中间漆、氯化橡胶（乙烯、聚氨酯、环氧沥青等）面漆等构成，其各层起相应的防护功能。该复合多层涂层体系虽然设计理论较为完整，但在实际施工和养护过程中出现很多弊端，如：涂装过程复杂、涂装道数多、层间污染严重、涂装间隔严格、因各层之间的相互渗透而渗色严重，因此导致了涂装效率低，施工成本高，养护时间长。且由于涂料含有较高比例的稀释剂，涂膜固化过程中挥发的小分子引起较多显微针孔，严重影响了涂层的整体寿命；由于涂层的层间黏结强度差，附着力低，在顶管滑动、牵引下外涂层容易整体脱落；由于涂层的交联密度不高，产生局部腐蚀介质的浓度很高而影响涂膜的防护能力。

2. 接头防腐施工措施

顶管除处于承载力极低的淤泥质粉质黏土层外也有粉砂土层，且地下水比较丰富，易产生流砂，这就要求管道具有较高的严密性和抗不均匀变形能力。若采用企口式接口加止水橡胶圈的管节作为顶管管材，管道整体性较差，易产生不均匀沉降而导致的管节接口松动，接口止水橡胶圈工作位置不佳或施工时产生局部翻转等，这些都会造成管道接口渗漏，而渗漏又会加剧土体流失，最终导致顶管管段严重损坏。针对这些实际情况，工程所有顶管管材均采用钢管，钢管管节之间采用坡口对接焊连接，实现了全封闭并具有很强的整体性。为提高管道的耐久性和耐蚀能力，除设置牺牲阳极保护装置外，钢管管节内外壁表面应做防腐处理。由于管道在顶进过程中外壁与土体不断摩擦，故管节外壁采用较耐磨的玻璃鳞片防腐层，每根管节两端又留出宽约10cm，待一端在顶管过程中与前一管节焊接完成后做防腐处理。

上海市青草沙输水管道工程施工采用材质为Q235B型钢材，现场焊接采用二氧化碳气体保护焊，管组对接采用单边V字形鸳鸯坡口形式，在导轨上进行作业。管外焊接时制作安装拱形外圈脚手架。顶管接头的外防腐层与顶管管道防腐层采用相同的标准，与原涂层搭接宽度不小于100mm。采用熔结环氧防腐涂层作为顶管管节的外防腐层。该工艺包括工厂内环氧粉末热喷涂、现场焊接部位利用无溶剂环氧树脂液体涂料冷补口，简便可行，性能优良，补口涂料与管体防腐材料完全相容。测试结果表明，该工程707m顶管磨损厚度平均为$6.25\mu m$，每百米磨损厚度为$0.89\mu m$，显示该涂层的黏结力与耐摩擦能力令人满意，防护效果良好。

嘉兴市污水处理二期工程污水输送管线钢管顶管表面处理达Sa2.5要求，喷涂两道环氧富锌底漆、三道环氧玻璃鳞片，防腐涂层干膜厚度为$520\mu m$。但钢管在顶进过程中，如果管节接口也按此防腐做法，并完全按规范规程操作，则防腐时间一般为2d，加上防腐保养期，要达到顶管顶进要求的硬度至少要3d时间。每顶一节管节都要停留如此长的时间，顶管设备顶顶停停，无法连续工作，除会延长顶管施工周期外，还极易引起顶管机头下沉、顶进摩阻力陡增等问题，显然是不现实的。所以，钢管接口防腐处理时间长一直是钢管顶管中困扰已久的最大难题，以往类似工程都未根本解决，为了缩短时间往往草草了事。但在嘉兴市污水处理二期工程污水输送管线顶管中，通过材料选配和优化，钢管顶管接口采用乙烯基酯树脂的加强型玻璃钢工艺，做到了在2h左右将接口防腐施工和保养完成，从根本上解决了施工难题。

3. 内防腐层施工措施

顶管的内防腐措施多采用填充水泥砂浆，如青草沙工程中内防腐采用水泥砂浆衬里，质量要求应符合《埋地给水钢管道水泥砂浆衬里技术标准》的规定，除弯头、三通外均采用机喷法施工。用涂敷机涂敷施工内外防腐分两层涂抹，DN3600 管材喷涂衬里厚度 18mm，允许公差为+4～-3mm。其中，对防腐层的质量要求：水泥，强度等级不低于 42.5 级；砂子，颗粒坚硬、洁净、级配良好；水，水质清洁，不含有害物质；外加剂，不得采用有害水质及腐蚀钢材的外加剂。

根据静安寺顶管暗挖段结构设计书，顶管顶进施工完成后，在成型通道钢管节内侧进行钢筋绑扎、焊接和混凝土浇筑的施工，既提高管节刚度，又可对钢管节形成混凝土保护层。所以，顶管管节内部防腐主要针对混凝土结构的防腐措施。地下混凝土结构防腐措施可以从三个方面考虑：①混凝土基材；②混凝土附加防腐措施；③混凝土结构工程的监测。

（1）混凝土基材

1）选用优质、适用和经济合理的高性能混凝土原材料，并控制原材料的质量波动。建议选用强度等级不低于 42.5 级的硅酸盐水泥；掺合材料采用优质粉煤灰、矿渣（微粉）、微硅粉等活性矿物掺合料；细集料采用中砂，细度模数为 2.3～2.9 符合Ⅱ区颗粒级配；粗集料粒径为 5～25mm 且级配良好；外加剂优选聚羧酸高效减水剂；根据工程要求，若需加入纤维，应采用聚丙烯等有机类纤维。高性能混凝土施工中应注意的一些细节：首先，注意控制混凝土保护层厚度和质量，保护层垫块宜采用工程塑料制作的保护层定位夹和定型生产的纤维砂浆块，混凝土必须振捣充分；其次，浇注大体积混凝土时，宜选择在气温较低的情况下进行，以便降低入模温度，在夜间施工较为合适；最后，注重养护，混凝土浇筑后应立即覆盖保湿，防止混凝土失水。

2）高性能混凝土结构抗裂防渗措施。一方面，盾构管片预制构件。蒸汽养护要严格按照规定，控制降温梯度，可以有效减少裂缝出现的概率。另一方面，地铁车站结构。首先，设置诱导缝能使结构的温度和混凝土收缩应力明显得到释放；其次，强化诱导缝与地下墙缝对齐的施工要求，如果部分诱导缝实在无法对齐，则应对该诱导缝至地下墙缝间的内衬墙采取柔性连接；再次，车站结构采用无梁楼盖+地下连续墙侧墙的结构形式，顶板裂缝较少；最后，建议将车站钢筋混凝土结构的开裂程度列入工程验收考核内容。

（2）混凝土附加防腐措施　当施工工艺和经济性允许时，在卷材、有机涂料等柔性防水的基础上，考虑采用具有一定渗透性的涂层，从而对施工过程中可能出现的早期微裂缝进行渗透封闭、提高迎水面混凝土结构抗渗透性能。同时，在风井内侧施用抗碳化防水涂层，以抵御碳化和冷凝水的影响。

（3）混凝土结构工程的监测

1）混凝土材料性能的监测。通过在混凝土结构实体上提取混凝土样品进行性能测试、同条件模拟试验，以及建立混凝土结构长期在线监测与预警系统予以实现。

2）杂散电流腐蚀监测。采用长效铜电极或硫酸铜电极或更为稳定的新型参比电极进行监测，与智能化的排流调解系统结合，形成监测与防治系统的有机结合。

3）结构裂缝和渗水状况监测。有必要对结构定期进行监测，观察裂缝的发展状况，对裂缝进行有效的描述；同时建立结构的裂缝档案，以有效规避裂缝对混凝土耐久性的影响。

4.4.2 防腐方法在顶管暗挖车站中适应性分析

1. 外防腐层材料建议

几种防腐材料虽然都可以用作一般金属管道外防腐材料，但结合静安寺车站工程特点，管道技术中除环氧煤沥青是使用较久的外防腐材料以外，其他涂层在自来水行业应用很少，但熔结环氧粉末涂层在国内中小口径石油管道和天然气管道的防腐中已大量使用，并被证明使用效果良好。

韩濛通过对熔结环氧粉末、环氧玻璃鳞片、加强级环氧煤沥青等三种外防腐涂层的综合比较分析和试验测定，发现在失重检测中，相对其他材料，熔结环氧粉末对中、强酸性环境和运行温度具有良好的适应性，同时它还具有失效安全性，是目前唯一能与阴极保护系统完全兼容而无屏蔽的防腐系统；在体积电阻率试验中，浸泡后加强级环氧煤沥青绝缘性能下降最大，环氧玻璃鳞片次之，熔结环氧粉末的体积电阻率基本保持不变，最为稳定。在抗阴极剥离试验中，尽管在规定时间内三种备选外防腐材料均符合标准，但长时间试验后发现，相对其他材料，熔结环氧粉末的抗阴极剥离性最好。再结合造价和寿命等其他条件，发现熔结环氧粉末防腐涂层无论在技术上还是在经济上，均具有显著优势，最终推荐采用熔结环氧粉末防腐涂层。

管道外防腐层综合比较，见表4-5。

表4-5 管道外防腐层综合比较

防腐层项目	熔结环氧粉末	环氧玻璃鳞片	环氧沥青
硬度、耐磨性	优+	优	良
耐溶剂侵入性	优	优	优

(续)

防腐层项目	熔结环氧粉末	环氧玻璃鳞片	环氧沥青
耐强氧化酸性	良+	优	优-
耐强酸性	优+	优	良
耐特殊酸性	优	良	优
使用寿命	优	优-	良+
耐温度变化性	优	优-	良
固化时间	优	良	优
综合费用	中	良	优

阎秋霞从性能、施工、造价及工程实例几个方面对静电喷涂环氧粉末（单层或双层）和高压无气热喷涂无溶剂聚氨酯涂料进行比较详细的论述，发现静电喷涂熔融环氧粉末具有技术成熟、性能指标高、工程实践多、价格便宜的优点，但也存在工地补口复杂，冬期低温施工困难的缺点。高压无气热喷涂无溶剂聚氨酯防腐具有方便施工、低温固化性能好的优点，却存在价格高、国内投入使用时间短的缺点。如果顶进距离较长、管径不大于2m，而且不在低温环境下施工，应优先采用静电喷涂熔融环氧粉末防腐。对于顶进距离短且管径大于2m的，在资金允许的条件下应优先考虑采用无溶剂聚氨酯涂料。

综合以上分析，选择熔结环氧粉末涂料作为顶管管片施工时外防腐材料。

2. 接头防腐层材料建议

上海市青草沙工程输水管道工程接头防腐材料采用熔结环氧防腐涂层。现场焊接部位利用无溶剂环氧树脂液体涂料冷补口，简便可行，性能优良，补口涂料与管体防腐材料完全相容。并且保证顶管接头的外防腐层与顶管管道防腐层采用相同的标准，与原涂层搭接宽度不小于100mm，防护效果良好。

乙烯基酯树脂材料具有环氧树脂材料的优良的力学性能、不饱和聚酯树脂材料室温下简便成型的工艺性能，而且还具有独特的耐腐蚀性能（包括对部分有机溶剂、氧化性介质及含氯介质等）、耐温性能和耐久（抗紫外线）性。

综上，熔结环氧防腐涂层可以作为管片接头防腐材料，也可以尝试应用乙烯基酯树脂材料。

3. 内层防腐措施建议

张硕通过浸泡失重性能检测和水泥砂浆裂缝浸泡试验，对钢顶管水泥砂浆衬里和液体环氧涂层进行防腐效果对比分析。结果表明：浸泡后，水泥砂浆吸附水中颗粒后一直处于增重状态，环氧液体的重量基本保持恒定。水泥砂浆耐碱腐蚀性较好，化学性能比较稳定。液体环氧涂层耐碱性一般，可能会产生少许脱落和表层变化，化学稳定性一般。水泥砂浆裂缝经浸泡后不消失，尺寸也不会减小。对于6～8mm裂缝，水可渗透到管道外部，需进行灌浆修补。2～3mm裂缝基本无水渗漏，无须修补。这说明内防腐材料采用水泥砂浆效果较好。

综合以上分析，推荐使用和水泥砂浆材料类似的混凝土材料，即在顶管施工完成后，浇筑混凝土材料形成二次衬砌，起到增大强度和防腐的效果。

4.5 复合管节接缝防水性能研究

4.5.1 管片接缝密封垫片设计指标

1. 设计防水压力

静安寺复合管节顶部覆土约为15m，底部埋深约为23.7m。考虑地下水位同地面标高，潜水最大水压为0.24MPa。

静安寺顶管暗挖段拟建场地存在$⑤_2$层微承压含水层和$⑦_2$层承压含水层。$⑤_2$层层顶标高为-25.85m，水头高度考虑最不利工况为地面下3m，承压水最大水压为0.26MPa。

按照国内外隧道设计经验，密封垫须在考虑到设计年限（100年）内的应力松弛、材料老化等影响下，仍能抵抗隧道外最大外水压力。因此，密封垫防水压力设计值通常在最大外水压力的基础上，乘以一定安全系数。参照《盾构法隧道防水技术规程》（DBJ 08-50—1996）规定，设计防水压力应等于实际承受最大水压的2～3倍。结合国内外类似工程设计防水压力及安全系数，见表4-6，可知隧道防水安全系数多为2～3。

表4-6 国内外类似工程设计防水压力及安全系数

类比工程	埋深/m	设计防水压力/MPa	安全系数
日本东京湾横断道路隧道	50	1	2
我国上海地铁区间隧道	10～20	0.6	3
埃及艾哈迈德隧道	40	0.4	1
我国武汉长江越江盾构隧道	60	1.5	2.5
我国上海延安东路隧道	35～40	0.8	2～2.2
我国上海大连路隧道			
我国上海翔殷路隧道			
我国上海青草沙输水隧道	30	0.85	2.8

静安寺顶管结构承受的最大水压力约为 0.26MPa，防水压力设计值安全系数取为 3，即在一定张开量下，管片接缝密封垫使用初期的防水压力值取为 0.78MPa。

2. 管节接口空隙

管节接口空隙 D 主要受顶管施工期间的管节调节量控制。

管节宽度 2m，管节外尺寸为 9.9m×8.7m，故 D = 9.9m（取大值）。

假设纠偏角取为 θ = 0.1°，$\Delta = (9.9 \times 0.00174533 \times 1000)$ mm = 17mm，考虑顶管推进施工中顶管管节错动，按接口最大空隙为 24mm 计算防水能力。

3. 橡胶密封垫断面

弹性密封材质为氯丁橡胶与水膨胀橡胶复合体，拟订断面，如图 4-26 所示。

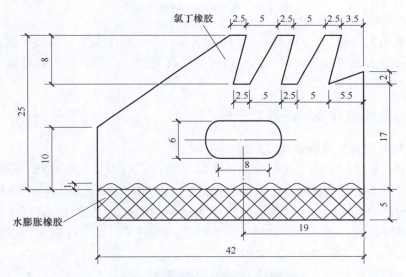

图 4-26　弹性橡胶密封垫拟订断面

4.5.2　弹性橡胶密封垫的防水机理

橡胶密封垫密封的过程就是橡胶体在密封力（弹性复原力或膨胀力）作用下，在接触表面产生较大的变形，从而填充了接触面上微小的凸凹不平处，阻止液体在接触间隙中的流动，达到密封的目的。目前，在隧道橡胶密封垫防水设计中，普遍将橡胶密封垫看作类似于高黏体系的材料，它具有把压力传递到其接触面的特性。装在密封槽中的橡胶密封垫受压缩（或遇水膨胀）时（见图 4-27），便对初始接触面产生弹性复原应力（或水膨胀力）p_0，当其受到液体

压力作用时，也将在接触面上产生附加应力 p_1，总接触面的应力 p 为

$$p = p_0 + p_1 \tag{4-1}$$

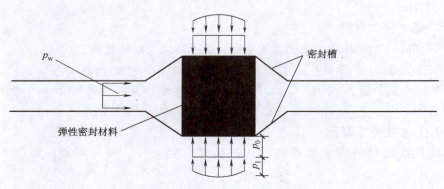

图 4-27　密封垫防水机理示意图

当水压 $p_w > \alpha p$，即 $p > \alpha(p_0 + p_1) = \alpha(p_0 + \beta p_0) = \alpha(1+\beta)p_0$ 时，即发生渗漏，式中系数 α 与密封材料的材质、耦合面表面状况有关，系数 β 与材料硬度、断面形式相关。

4.5.3　橡胶密封垫断面数值分析

1. 橡胶密封垫有限元计算模型

随着计算机技术的飞速发展，目前的 ANSYS、ABAQUS 和 MARC 等有限元计算软件已具有分析橡胶非线性性能的能力，它们给出的应变能函数有 Rivlin 型方程，也有 Ogden 型方程，其中工程中 Mooney-Rivlin 公式简单，应用方便，尽管没有较多的展开项，但是在变形不是较大的条件下，可以得到比较合理满意的结果，因此在工程界被广泛采用。

本书根据橡胶止水条抵御水压时的工作特性，提出研究密封垫极限防水能力的数值模拟方法：将密封垫简化成平面应变问题，放置在两钢环之间的橡胶密封垫受到顶部钢圈挤压后，接触面会产生接触应力 p，当接触应力 p 大于液体压力 p_w 时，可以认为密封垫密封完好。模型中考虑了密封垫自身的接触及密封垫与顶部钢圈、底部钢板和两侧钢环间的接触，在可能接触表面的法向建立硬接触，切向建立库仑摩擦接触，摩擦系数取为 0.3，力学约束采用罚接触方法。

如图 4-26 所示，密封垫模型为楔形，顶长为 21mm，底长为 42mm，高为 30mm，底部为 5mm 厚的遇水膨胀材料，顶部设置梳齿，高为 8mm，内部设有 8mm×6mm 的类矩形孔。密封垫材料采用氯丁橡胶，模型中不考虑遇水膨胀材料的膨胀效应，材料参数同密封垫母体，有限元网格如图 4-28 所示。

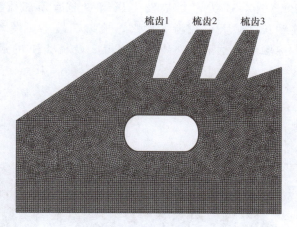

图 4-28 弹性橡胶密封有限元网格

图 4-29 为模型边界设置情况,密封垫底部固定,采用刚体模拟密封垫顶部钢圈,可对其施加竖向强制位移,两侧设置水平向约束以模拟钢环约束,并假设钢环厚度为 15mm。

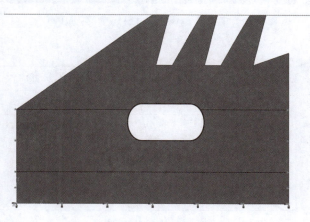

图 4-29 边界条件设置

2. 橡胶密封垫有限元计算结果与分析

考虑顶管推进施工中顶管管节的错动,按接口最大空隙为 24mm 计算防水能力,因此对顶部刚体施加 6mm 的竖向强制位移,计算了发生压缩变形后密封垫的压缩应力及顶部梳齿的接触应力。

图 4-30 为压缩变形后密封垫 Mises 应力图,可见密封垫顶部梳齿、梳齿根部附近及中间空洞边缘 Mises 应力较大,最大 Mises 应力出现在梳齿根部位置,

应力达到 2.3MPa。图 4-31 为密封垫发生压缩变形后顶部梳齿的接触应力，可见梳齿 1 的接触长度最大，梳齿 3 次之，梳齿 2 最小。最大接触应力出现在梳齿 2 端部，接触应力达到 2.8MPa，梳齿 3 及梳齿 1 的最大接触应力相对较小。

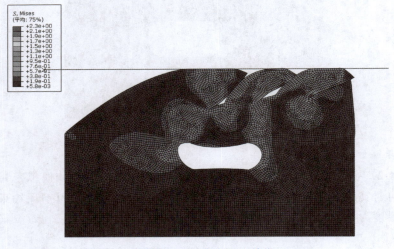

图 4-30　密封垫 Mises 应力图（单位：MPa）

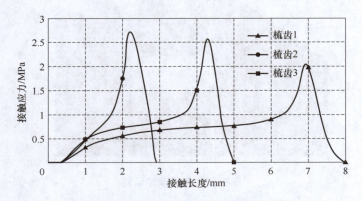

图 4-31　梳齿 1、2、3 接触应力分布曲线

由于计算的接触应力的分布曲线是凹凸不平的，简单的取用平均值 p_1 以及最大值 p_{max} 作为临界水压值均不合理，选取接触应力分布曲线曲率变化较小段（平滑段）的接触应力作为防水临界压力值。经计算防水临界压力，梳齿 1 为 0.78MPa，梳齿 2 为 0.83MPa，梳齿 3 为 0.80MPa，因此该密封垫防水临界压力为 0.78MPa。

4.5.4 管节接缝防水构造设计

　　静安寺站顶管暗挖段是地铁车站的一部分,防水等级为一级。挖段防水关键在于环缝防水处理。施工阶段,管节环缝在F型承插口处设计了的3道弹性密封垫加强防水,必要时还可在管节接口处注聚氨酯,将前一环钢套环与后一环管节雄口处的空隙填充,起到彻底隔绝外侧水土的作用。使用阶段,管节环缝处设置"凹槽",在后浇钢筋混凝土时使环缝接头位置形成250mm厚的钢筋混凝土结构(见图4-32)。通过钢筋混凝土结构的自防水能力,达到防水要求。

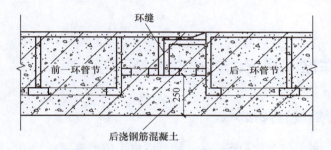

图 4-32　使用阶段环缝防水节点

第 5 章 矩形顶管法车站系列实施技术研究

5.1 车站差异沉降的控制措施

5.1.1 变形缝设置及接口设计

如图 5-1 所示，14 号线静安寺站开挖范围内土体普遍强度低、压缩性高，并均具有明显触变、流变特性，场地内主要土层分布较为稳定，站厅层顶管卧置于第④层淤泥质黏土，站台层顶管卧置于第⑤$_1$层灰色黏土。采用明挖法施工的 A 区、C 区与采用顶管法施工的 B 区，在结构形式、覆土厚度、基础刚度等方面均存在显著不同，两者之间很容易产生差异沉降，而为了保证列车运营安全，站台层顶管所在的轨行区必须严格控制工后差异沉降，这就给差异沉降控制带来了巨大的挑战。

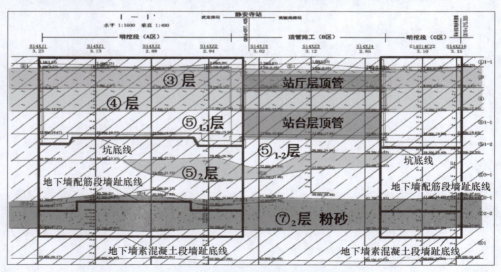

图 5-1 拟建场地地质纵剖面图

14号线静安寺站结合顶管暗挖段进出洞加固的设置条件，采用了"刚柔并济、严控工后"的防治策略，整个差异沉降控制体系分为以下3级：

1）在顶管暗挖段与工作井接头采用刚性井接头连接。
2）在顶管暗挖段南北进出洞加固区末端各设置一道变形缝（见图5-2）。
3）在管节间接头采用雌雄套接接口，可以平顺衔接较小的纵向差异沉降（见图5-3）。

整个体系形成"刚度逐级过渡、变形平顺协调、工后安全可控"的差异沉降控制效果。

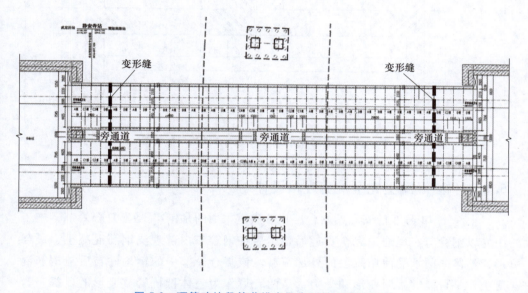

图5-2　顶管暗挖段管节排布及变形缝设置平面图

顶管暗挖段进出洞加固采用全方位超高压喷射注浆（简称MJS工法），平面加固宽度6m，不影响现状管线。站台层顶管管节长度为82m，为钢-混凝土复合管节，环宽为2m，上、下行线各41节管节。利用加固区将变形缝向顶管暗挖段内收，避开刚度差异最不利的井接头位置，避免了不利因素的集中叠加，整体浇筑的刚性井接头大大降低了该接口处结构错台沉降及渗漏水的风险；钢-混凝土复合管节在变形缝处设置后浇带，其内混凝土待顶管结构贯通且变形稳定后再行浇筑，结构纵向差异沉降通过管节间的雌雄套接接口化整为零而实现平顺衔接，且累计差异量则在变形缝的后浇带最终被消化抹平，可为后续铺轨作业提供良好的平台。

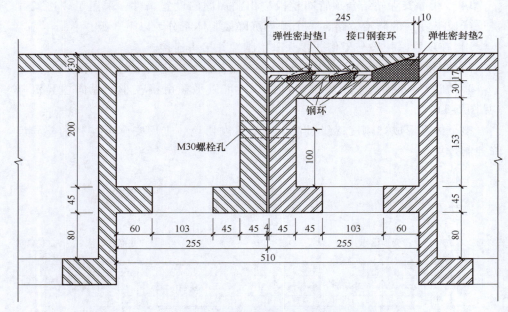

图 5-3　顶管暗挖段管节间雌雄套接接口剖面图

5.1.2　钢-混凝土完全抗剪连接设计

上海市 14 号线静安寺站站台层顶管通道采用的是钢-混凝土复合管节，施工中先以钢管节实现通道完全贯通后，然后在钢管节内部现浇钢筋混凝土，最终形成整体共同承受使用阶段的外部荷载。该复合管节中的钢构件与后浇钢筋混凝土，是否能够协同变形和受力，是两者可作为整体抵抗管节变形的前提。为此，基于钢-混凝土完全抗剪连接设计方案，建立高精度三维实体有限元计算模型，复核钢、混凝土界面的有效性。

计算模型的整体坐标系设置为顶进方向为 Z 向，竖直向为 Y 向，横向为 X 向。顶管模型的边界位移约束条件设置为：顶管前部端面设置 Z 向位移约束，下部弧形区域采用竖向地基弹簧，基床系数为 $1.32 \times 10^5 \mathrm{kN/m^3}$，钢顶管的顶、底部中心线设置 X 向位移约束。计算工况为模拟使用阶段时管环所承受的荷载，即自重、侧向水土压力、顶部土压力、地面超载，为使计算结果更为安全，荷载的大小与分布形式与施工阶段一致。

复合顶管管节材料假定为线弹性，钢的泊松比为 0.3，弹性模量 $E = 200\mathrm{GPa}$；混凝土的泊松比为 0.2，弹性模量 $E = 30\mathrm{GPa}$；内部混凝土配置钢筋的泊松比为 0.3，弹性模量 $E = 200\mathrm{GPa}$。

钢与混凝土界面按照螺钉连接模式考虑，即采用 Link 单元建立钢顶管表面的螺钉模型，钢顶管表面的钢板与螺钉绑定（tie）连接，螺钉与混凝土之间嵌入（embed）连接，同时混凝土与钢板交界面之间使用接触（contact）及摩擦来模拟两者之间的直接相互作用，切向摩擦系数取 0.65，法向采用硬接触。

图 5-4～图 5-9 中复合顶管单环顶管沿 X 方向最大变形约 2.8mm，沿 Y 方向最大变形约 8.6mm，出现位置分别在管环两肩部与上顶部。应力最大值出现在管片腰部的螺钉上，最大 Mises 应力为 265MPa，钢结构部分最大 Mises 应力为 250MPa，比模型一应力增大，原因之一是钢顶管结构在螺钉及附近区域出现了局部的应力较集中，而螺钉以外其余部分应力与模型一相比并未显著增加。混凝土最大 Mises 应力值约为 21MPa，嵌入在混凝土中的钢筋最大应力约为 139MPa。此螺钉连接模型中混凝土与钢板之间设置为法向刚性接触，切向摩擦，复合顶管受载后，钢顶管与混凝土之间出现滑移趋势，沿 X、Y 方向的最大滑移量分别为 0.39mm 和 0.3mm，但是滑移仅出现在局部较小的区域，钢顶管与混凝土之间并未出现整体滑移，充分说明了两者之间有较好的共同作用。已有的关于钢-混凝土组合梁的成熟研究成果表明，当完全连接组合梁在正常使用阶段，受载水平为其极限荷载的 50% 时，钢与混凝土交界面的滑移量为 0.2～0.4mm。可见，复合顶管中钢与混凝土的滑移量在要求范围内。值得说明的是，在复合顶管中钢与混凝土相互作用中产生贡献的不仅有螺钉，钢顶管中的横向及纵向加劲肋使得交界面积大大增加，也对混凝土提供了约束作用，对于钢管与混凝土的相互作用非常有利。

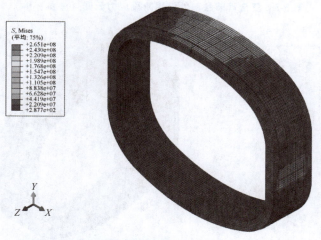

图 5-4　复合管节使用阶段整体应力云图（单位：Pa）

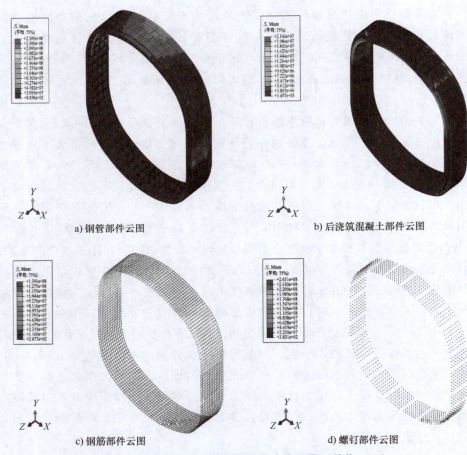

图 5-5 复合管节各部件使用阶段应力云图（单位：Pa）

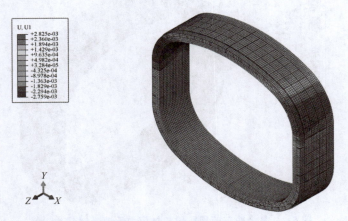

图 5-6 复合管节整体沿 X 方向变形云图（单位：m）

图 5-7　复合顶管整体沿 Y 方向变形云图（单位：m）

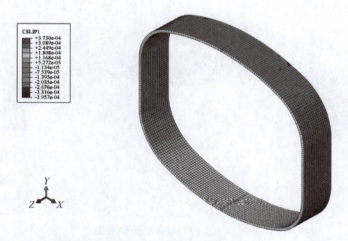

图 5-8　钢-混凝土接触面沿 X 方向滑移量云图（单位：m）

上述整体有限元计算结果表明，复合顶管中钢与混凝土的滑移量在要求范围内，因此进一步进行抗剪连接件的截面验算，以保证钢-混凝土交界面的完全共同作用。

接下来，将单环复合顶管视为曲梁，按照《组合结构设计规范》（JGJ 138—2016）进行验算。

1. 剪跨区的剪力设计值计算

将钢-混凝土复合顶管以弯矩绝对值最大点及支座为界限，划分若干剪跨区，计算钢与混凝土交界面的纵向剪力设计值，剪跨区划分示意图，如图 5-10 所示。

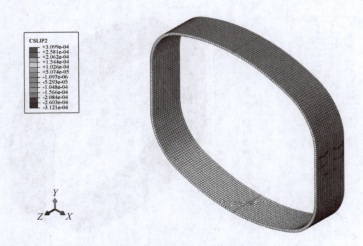

图 5-9　钢-混凝土接触面沿 Y 方向滑移量云图（单位：m）

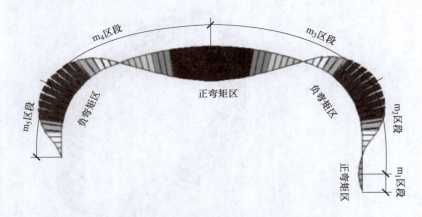

图 5-10　半环复合顶管的剪跨区划分示意图（单位：m）

正弯矩最大点到边支座区段 m_1 区段的剪力设计值为

$$V_S = \min\{A_a f_a, f_c b_e h_{c1}\} \tag{5-1}$$

正弯矩最大点到中支座（负弯矩最大点）区段 m_2 和 m_3 等区段的剪力设计值为

$$V_S = \min\{A_a f_a, f_c b_e h_{c1}\} + A'_s f_y \tag{5-2}$$

式中　A_a——钢梁截面面积，$A_a = (30 \times 2196 + 45 \times 1073 + 40 \times 3 \times 325)\,\text{mm} = 153165\,\text{mm}^2$；

f_a——钢梁抗拉、压强度设计值，Q235 钢材取 215MPa；

第5章 矩形顶管法车站系列实施技术研究

f_c——混凝土的抗压强度，C55 混凝土抗压强度取为 35.5MPa；

b_e、h_{c1}——混凝土截面宽和高，分别取为 1910mm 和 492mm；

A'_S、f_y——负弯矩区内纵筋截面面积和纵筋的抗拉、压强度设计值，A'_S 按照一环内纵向配筋为 17 根 $\phi25mm$ 计算，$A'_S = 3.14 \times 12.5^2 \times 17 = 8340.625mm^2$，HRB400 钢筋 f_y 取值为 360MPa。

m_1、m_2 区段的纵向剪力值设计值分别为：$32.9 \times 10^6 N$ 和 $35.9 \times 10^6 N$。

2. 抗剪连接件的抗剪承载力

（1）单根螺钉 钢顶管表面的螺钉布置方案拟采用直径 20mm，长度 100mm 螺钉，间距 300mm×300mm，梅花形布置。单根螺钉的抗剪承载力 N_V^C 计算公式为

$$N_V^C = 0.43 A_S \sqrt{E_c f_c} \leqslant 0.7 A_S f_{at}$$

式中 E_c 和 F_c——混凝土弹性模量与抗压强度设计值，复合顶管中配置为 C55 混凝土，E_c 和 F_c 分别取 35.5GPa 和 35.5MPa；

A_S——单根 $\phi20mm$ 直径螺钉的钉杆截面面积；

f_{at}——螺钉的抗拉强度设计值，取 400MPa，根据现行国家标准《电弧螺柱焊用圆柱头焊钉》（GB/T 10433—2002）的相关规定，圆柱头焊钉的极限强度设计值 f_{at} 不得小于 400MPa，按照规范最低要求取 400MPa。

$$0.43\sqrt{E_c f_c} = 481.6MPa, \quad 0.7 f_{at} = 280MPa$$

故单根螺钉的抗剪承载力 N_V^C 取

$$0.7 A_S f_{at} = (0.7 \times 400 \times 3.14 \times 10^2)N = 87920N \approx 87.9kN$$

（2）加劲肋抗剪连接件 钢顶管中设置有横向与纵向加劲肋，对钢结构部分与混凝土部分之间的抗剪连接有重要作用，在抗剪验算中将管环的纵向加劲肋按照组合梁设计规范中的槽钢抗剪连接件计算其抗剪承载力。

单根纵向加劲肋的抗剪承载力设计值为

$$N_V^C = 0.26 \times (t_f + 0.5 t_w) l_C \sqrt{E_c f_c}$$

式中 t_f——槽钢翼缘板的厚度，取 45mm；

t_w——槽钢腹板厚度，取 30mm；

l_C——槽钢长度，取 $l_C = (1996-45-45)mm = 1906mm$；

$$N_V^C = 0.26 \times (45+15) \times 1906 \times \sqrt{35.5 \times 3.55 \times 10^4} = 333791.94N \approx 33.4 \times 10^6 N$$

3. 抗剪强度验算

由图 5-10 知，m_1 剪跨区长度最小，所能排布的螺钉与纵向加劲肋数量最少，该剪跨区为抗剪验算最危险区段，因此取 m_1 剪跨区进行抗剪验算。m_1 剪

跨区长度为560mm，该范围内有一个加劲肋与周围分配的螺钉16个，因此该区段内的抗剪承载力设计值为

$$N_V^C = 33.4 \times 10^6 N + 16 \times 87.9 \times 10^3 N = 34.8 \times 10^6 N$$

$N_V^C = 34.8 \times 10^6 N > V_S = 32.9 \times 10^6 N$，满足完全抗剪连接。

综上所述，采用复合管节钢-混凝土完全抗剪连接设计方案，可以保证钢-混凝土交界面的完全共同作用。

5.1.3 纵向不均匀隆沉条件下顶管结构受力分析

本节主要研究站台层顶管通道以钢管节实现结构贯通后，后浇钢筋混凝土内部结构投入使用后，假如继续发生工后纵向不均匀隆沉，结构内力的分布情况，为后期运营维保的监控标准、保障措施等提供必要技术依据。

1. 计算模型

采用有限元软件 ANSYS 进行建模，如图 5-11 和图 5-12 所示，垂直顶进方向为 X 轴，模型全宽共计 33.45m；平行顶进方向为 Z 轴，模型全长共计 82m，即 41 节顶管，土体深度方向为 Y 轴，模型全深共计 34.1m；顶管及内部结构均按地铁运营期间的设计进行建模，包括施工阶段后续顶管管片、上部风道及下部站台板所浇筑的混凝土。整个计算模型共计 1607063 个单元体，3045950 个节点，顶管及内部结构采用四边形网格，土体结构采用六边形网格；顶管结构、内部结构以及土体结构均采用实体单元进行模拟。

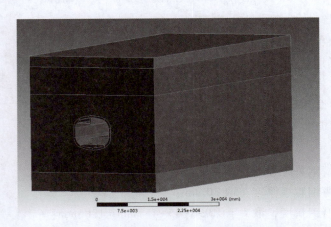

图 5-11 顶管结构受力分析有限元模型总览图

（1）顶管及内部结构参数　为了简化分析模拟，计算中对土层进行了加权平均，即采用等效土层，本构模型采用弹塑性摩尔-库伦模型，各土层的计算参数见表 5-1。

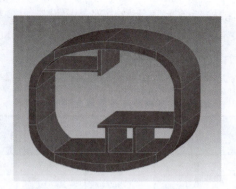

图 5-12 顶管内部结构模型图

表 5-1 各土层的计算参数

等效土层	弹性模量/MPa	泊松比	重度/(kN/m³)	黏聚力/kPa	内摩擦角/(°)
layer1	10.0	0.33	19	9	15.00
layer2	14.4	0.33	18.05	13.4	15.06
layer3	38.4	0.35	18.03	16.1	13.99
layer4	79.5	0.31	18.8	13.0	24.50

其中，layer1 是①$_{1-1}$杂填土，layer2 是②$_1$黏土和③淤泥质粉质黏土等效土层，layer3 是④淤泥质黏土、⑤$_{1-1}$黏土、⑤$_{1-2}$粉质黏土等效土层，layer4 是⑤$_2$黏质粉土、粉质黏土互层。

软件中摩尔-库仑模型的材料参数包括 6 个：弹性体积模量 K，弹性切变模量 G，黏聚力 c，内摩擦角 φ，抗拉强度 σ_t，剪胀角 ψ。抗拉强度和剪胀角在本次模拟过程中没有考虑，设置为 0。其中，$K=\dfrac{E_0}{3\times(1-2\mu)}$，$G=\dfrac{E_0}{2(1+\mu)}$。

变形模量 E_0 按照上海地区土体经验公式：$E_0=E_s\left[1-\dfrac{2\mu^2}{(1-\mu)}\right]$ 换算得到，其中，压缩模量 E_s 取值来源勘察报告土层压缩曲线，根据初始地应力场下各土层所承受的土压力范围，取对应的压缩曲线上所加荷载区间测得。泊松比 μ 的取值参考勘察报告土体侧压力系数 K_0。根据 $K_0=\dfrac{\mu}{1-\mu}$ 得到各土层的泊松比，再根据 $K=\dfrac{E_0}{3\times(1-2\mu)}$，$G=\dfrac{E_0}{2(1+\mu)}$ 得到各土层的体积压缩模量和剪切模量。

重度、黏聚力、内摩擦角均来自勘察报告，地下水位埋深 0.5m，即埋深 0.5m 以下的土采用饱和重度，由勘察报告的重度、相对密度、孔隙比数据计算得到，黏聚力和内摩擦角取自勘察报告中的固结快剪试验。

（2）顶管及内部结构参数　顶管及内部结构设定为多组分的实体结构（管片、风道以及站台板整浇部分），并根据工程结构设计文本分别赋予混凝土材料参数进行后续计算——管片浇筑混凝土强度等级为C50，上部风道及站台板整浇部分混凝土强度等级为C35，涉及混凝土强度参数见表5-2。

表5-2　工程所涉及混凝土强度参数

混凝土强度等级	弹性模量/MPa	泊松比	体积模量/MPa	剪切模量/MPa	抗拉强度标准值/MPa	抗压强度标准值/MPa
C35	31500	0.18	16406	13347	2.20	23.4
C50	34500	0.18	17969	14619	2.64	32.4

（3）边界条件　为了接近实际情况，设定整体模型左右两侧X方向位移被约束；模型底部X、Y、Z方向位移被约束；模型前后两侧Z方向位移被约束。

（4）荷载条件　该模块设定在顶管结构上表面施加不同工况的强制位移荷载，鉴于此以研究顶管段内部结构与顶管结构的隆沉协调情况——设置位移荷载沿顶管纵向全长按图5-13所示曲线分布，不同工况的研究中位移荷载的最大值依次设为5mm、10mm及15mm，但形状均保持一致，即在两端及中点处导数值保持为零的光滑曲线，如图5-13所示。

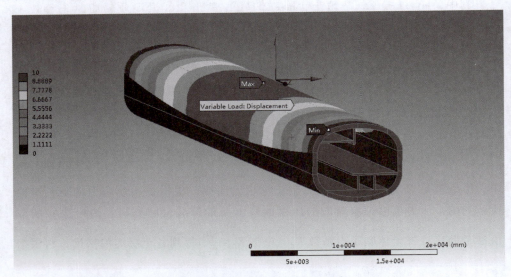

图5-13　位移荷载曲线示意图（最大值10mm）

2. 计算结果与分析

最大值位移荷载时各轴方向正应力云图如图5-14~图5-22所示，具体内容列于表5-3和表5-4。

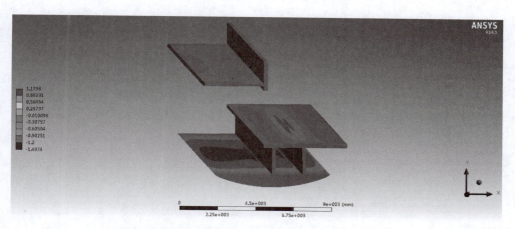

图 5-14　最大值 5mm 位移荷载时 X 轴方向正应力云图

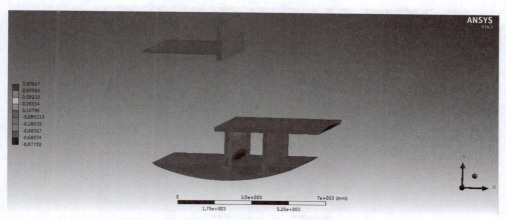

图 5-15　最大值 5mm 位移荷载时 Y 轴方向正应力云图

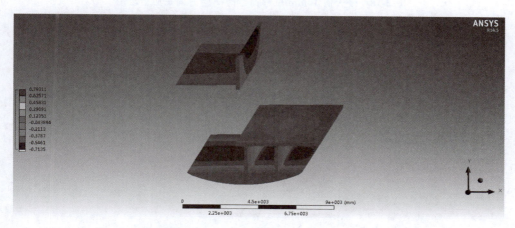

图 5-16　最大值 5mm 位移荷载时 Z 轴方向正应力云图

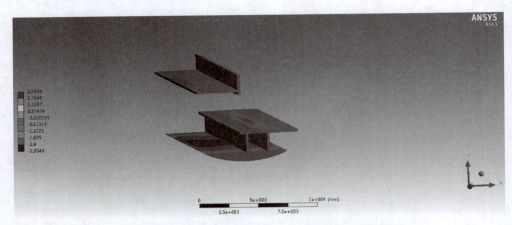

图 5-17　最大值 10mm 位移荷载时 X 轴方向正应力云图

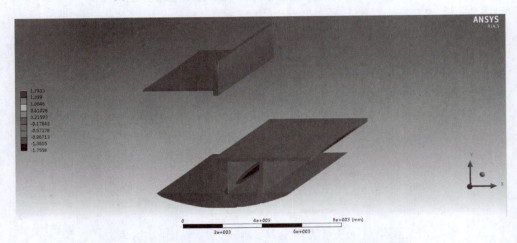

图 5-18　最大值 10mm 位移荷载时 Y 轴方向正应力云图

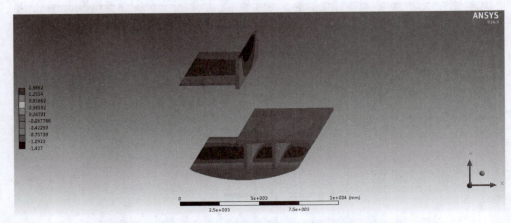

图 5-19　最大值 10mm 位移荷载时 Z 轴方向正应力云图

第 5 章　矩形顶管法车站系列实施技术研究

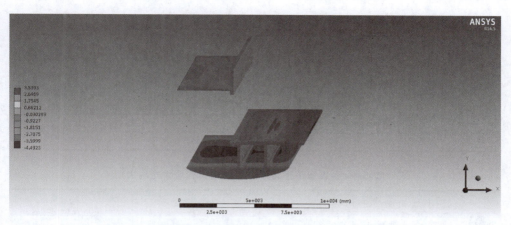

图 5-20　最大值 15mm 位移荷载时 X 轴方向正应力云图

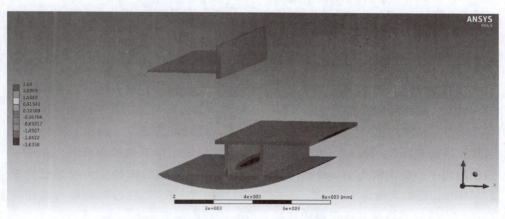

图 5-21　最大值 15mm 位移荷载时 Y 轴方向正应力云图

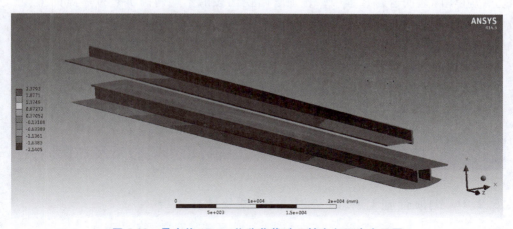

图 5-22　最大值 15mm 位移荷载时 Z 轴方向正应力云图

表 5-3 各工况下顶管暗挖段内部结构最大压应力

位移荷载/mm	站台板与管片交接区域		站台板与底板交接区域 Y 轴方向压应力/MPa	风道混凝土顶板中部 Z 轴方向压应力/MPa
	X 轴方向压应力/MPa	Y 轴方向压应力/MPa		
5	1.50	0.88	0.88	0.71
10	2.99	1.76	1.76	1.43
15	4.49	2.63	2.63	2.14

表 5-4 各工况下顶管暗挖段内部结构最大拉应力

位移荷载/mm	中部混凝土底板		站台板与底板交接区域 Y 轴方向拉应力/MPa	站台板与管片交接区域 X 轴方向拉应力/MPa
	X 轴方向拉应力/MPa	Z 轴方向拉应力/MPa		
5	1.18	0.79	0.90	1.18
10	2.36	1.59	1.79	2.36
15	3.54	2.38	2.69	3.54

顶管内部结构所使用的混凝土强度等级为 C35，抗压强度标准值为 23.4MPa，抗拉强度标准值为 2.20MPa。显然，顶管暗挖段内部结构的压应力分布远不会达到 C35 混凝土的抗压强度标准值，可判定为安全。从统计出的数据可得，各隐患部位的拉应力大小已与混凝土抗拉强度标准值极为接近，存在一定的隐患——最大值为 10mm 的位移荷载所产生的 X 轴方向拉应力局部已达到 2.36MPa，而最大值为 15mm 的位移荷载对应的 X、Y、Z 轴方向拉应力均出现局部最大拉应力超过 C35 混凝土抗拉强度标准值的情况。

在实际地铁运营过程中，若顶管暗挖区段的不均匀隆沉超过一定的上限，顶管结构与其内部结构之间的隆沉协调将难以维系，突破混凝土材料的强度极限而出现局部开裂的情况。对此，运营单位首先要加强地铁站顶管暗挖区段的沉降情况监测，对于可能出现的顶管暗挖段不均匀隆沉现象，做好及时的预警；同时务必对于数值模拟中所呈现出隐患部位（如顶管暗挖段中部混凝土底板、站台板-底板交接区域以及站台板-管片交接区域）的检修与维护，防患于未然。

5.2 大断面、小间距顶管施工的环境影响分析及对策研究

5.2.1 钢顶管施工阶段三维数值模型及计算工况

目前，近距离超大断面多顶管施工的研究还比较少，顶管上、下相叠顶进

及顶进施工对高架桩基的影响控制是 14 号线静安寺站顶管暗挖施工的关键技术，为此预先进行了三维数值模拟分析，为施工控制提供参考。钢顶管施工阶段的三维数值模拟采用 FLAC3D 进行，主要分析：①顶管先后顶进的相互影响分析；②多次顶管顶进对高架桥的影响分析；③多次顶管顶进对土层的影响分析。

建立的三维施工模拟计算模型，如图 5-23 所示，坐标原点在延安高架路西侧桩基承台东北角，垂直顶进方向为 X 轴（$-90 \sim 60$m）共 150m，平行顶进方向为 Y 轴（$0 \sim 84$m）共 84m，即 41 节顶管，土体深度方向为 Z 轴（$0 \sim 70$m），共 70m。整个计算模型 1259783 个单元体，1240843 个节点，主要采用四边形网格，其中土体采用实体单元模拟，顶管用壳体单元模拟，桩基用实体单元模拟，桩基与土体相互作用处设置接触面单元模拟桩土相互作用。

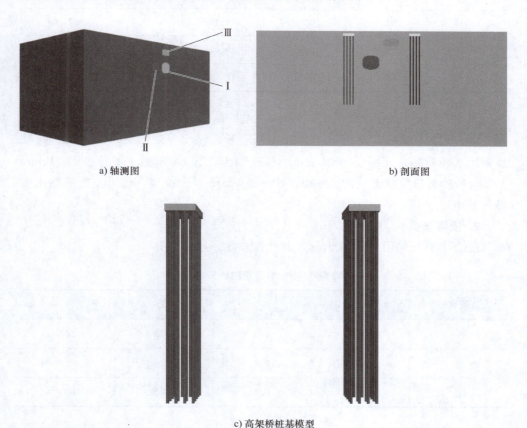

图 5-23 施工模拟计算模型

注：Ⅰ、Ⅱ、Ⅲ为顶管编号。

1. 土层参数

为了简化分析模拟，计算中对土层进行了加权平均，即采用等效土层，本构模型采用弹塑性摩尔-库仑模型，各土层的计算参数见表5-5。

表5-5 各土层的计算参数

等效土层	弹性模量/MPa	泊松比	重度/(kN/m³)	黏聚力/kPa	内摩擦角/(°)
layer1	10.0	0.33	19	9	15.00
layer2	14.4	0.33	18.05	13.4	15.06
layer3	38.4	0.35	18.03	16.1	13.99
layer4	79.5	0.31	18.8	13.0	24.50
layer5	92.5	0.31	18.87	23.4	21.08
layer6	214.0	0.26	19.90	6	33.63
layer7	80.0	0.33	18.63	24.4	18.4

其中，layer1 是①$_{1-1}$杂填土，layer2 是②$_1$黏土和③淤泥质粉质黏土等效土层，layer3 是④淤泥质黏土、⑤$_{1-1}$黏土、⑤$_{1-2}$粉质黏土等效土层，layer4 是⑤$_2$黏质粉土、粉质黏土互层，layer5 是⑤$_{3-1}$粉质黏土、⑤$_4$粉质黏土等效土层，layer6 是⑦$_{2-1}$粉砂夹粉质黏土、⑦$_{2-2}$粉砂等效土层，layer7 是⑧$_1$黏土、⑧$_2$粉质黏土夹砂等效土层。

2. 顶管参数

复合钢节管采用 Q345B 钢管，其计算参数，见表5-6。

表5-6 复合钢节管的计算参数

顶管代号	弹性模量/MPa	泊松比	重度/(kN/m³)	厚度/m
Ⅰ	$2.1×10^5$	0.3	78.5	0.2
Ⅱ	$2.1×10^5$	0.3	78.5	0.2
Ⅲ	$2.1×10^5$	0.3	78.5	0.2

3. 桩基参数

根据调查，延安高架桥下部基础采用 ϕ600mm PHC 管，管壁厚度为 110mm，桩长为 42m，混凝土强度等级为 C80，桩基计算参数见表5-7。

第5章 矩形顶管法车站系列实施技术研究

表 5-7 桩基计算参数

桩基	弹性模量/MPa	泊松比	重度/(kN/m³)	规格/m
承台	3.8×10⁴	0.2	25	长8.4×宽6.6×高1.5
桩	3.8×10⁴	0.2	25	直径0.6，长42

4. 接触面参数

桩基的弹性模量是周围土层的200~4000倍，所以桩基相对其周围土层是刚性的，在荷载作用下可以产生滑移和分离的真实接触面。

根据工程经验，法向刚度和剪切刚度可以取周围最硬相邻土层的等效刚度的10倍，即式（5-3），模拟桩土相对滑移和脱开。

$$k_n = k_s = 10\max\left\{\frac{K+\frac{4}{3}G}{\Delta Z_{\min}}\right\} \tag{5-3}$$

式中 k_n，k_s——接触面的法向和切向刚度；

K，G——土体的体积模量和剪切模量；

$\Delta Z_{\min}$——接触面法线方向的最小网格尺寸。

经计算，延安路高架桥桩基与周围土层接触面的计算参数见表5-8。

表 5-8 接触面的计算参数

桩基	土层	k_n/MPa	k_s/MPa	黏聚力/(kN/m³)	内摩擦角/(°)
承台	layer1	1.167×10³	1.167×10³	4.5	7.5
桩	layer2	1.167×10³	1.167×10³	6.69	7.53
	layer3	1.167×10³	1.167×10³	8.04	6.995
	layer4	1.167×10³	1.167×10³	6.5	12.25
	layer5	1.167×10³	1.167×10³	11.72	10.54
	layer6	1.167×10³	1.167×10³	0.3	16.32
	layer7	1.167×10³	1.167×10³	1.2	9.2

5. 荷载条件

（1）地面超载20kPa　地面超载会影响初始地应力场的分布，顶管施工引起的地层反应与开挖前地层的初始应力状态密切相关，所以有必要考虑地面超载。在数值模拟中，考虑为模型上顶面施加竖直向下的均布荷载。

（2）注浆压力20kPa，顶管管侧与土体的侧摩阻力3kPa　注浆层是带有压力的，可迅速填充孔隙，使土体不致在脱离顶管机时产生较大变形，注浆材料既能传递法向应力，又能传递剪应力，法向应力即为注浆压力，垂直于顶管管片单元均匀分布，切向应力即为管片单元与周围土层之间的摩擦力，简化为管道表面受到均匀的摩擦力，且对管道周围土体施加均匀的切向力，其方向为顶管顶进方向。

（3）开挖面支护压力 在顶管施工过程中，开挖面正前方土体受到刀盘切削力和振动荷载的作用，因而受到较大扰动。开挖面支护压力难以与土体原位压力达到完全平衡，支护压力小于原位土体压力时，开挖面前方土体向土压舱移动，地面沉降，反之土压舱挤压前方土体，地面隆起。为了模拟开挖面卸荷效应，需要施加相应的释放荷载。直接在开挖面土体单元上施加面力荷载，其大小等于开挖面处静止侧向土压力。所施加荷载分布纵向示意图，如图5-24所示。

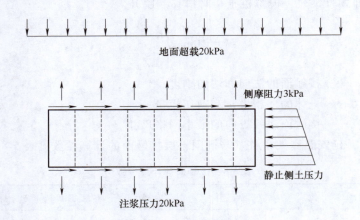

图5-24 荷载分布纵向示意图

6. 边界条件

为了接近实际情况，模型的两侧X方向位移被约束，即$X=-90$m 和 $X=60$m 处平面；模型底部X、Y、Z方向位移被约束，即$Z=-70$m 处平面；模型前后两侧Y方向位移被约束，即$Y=0$ 和 $Y=82$m 平面。

7. 施工过程

施工过程可以分为三部分：①顶管Ⅰ开挖支护，施工方向为从车站主体A区向C区；②顶管Ⅱ开挖支护，施工方向为从车站主体C区向A区；③顶管Ⅲ开挖支护，施工方向为从车站主体A区向C区。

其中每节顶管顶进过程模拟可以分为三个步骤实现：①土体开挖和施加开挖面支护压力；②添加顶管管节单元；③施加摩擦力和注浆压力。

具体来说：第一步，Y方向长度为2m 的单元格置空，模拟开挖，开挖面处施加梯形分布的土压力面荷载，防止地表隆起或下沉；第二步，Y方向长度为

2m 添加壳体结构单元并赋 Q345B 钢管材料属性；第三步，给管片和周围土体施加向外的注浆压力，对顶管周围土体施加与顶进方向一致的摩擦阻力。每 2m 作为一个开挖步，依次开挖至顶管全部顶进完毕，以此循环完成 3 个顶管的施工过程三维模拟。

5.2.2 顶管先后顶进的相互影响分析

1. 顶管管节内力分布

（1）顶管Ⅰ的施工过程对顶管管节弯矩的影响　图 5-25 为顶管为Ⅰ施工完成后弯矩分布图。为了更清楚地了解顶管施工对管节弯矩的影响，分析模型的某一截面在不同施工阶段弯矩的变化，取模型在 Y 方向中点对应的平面 $Y=41m$ 处这个平面，顶管的横截面在不同施工阶段的弯矩大小与分布，该截面设置 8 个监测点：顶部、右上顶角、右侧、右下顶角、底部、左下顶角、左侧、左上顶角，如图 5-26 所示。图 5-27 为 8 个测点在不同钢管管片施工完成后的弯矩分布图，从图中可以看出：①顶管顶进深度的增加，各监测点沿纵向每延米的弯矩逐渐趋近稳定值，最大值为 227kN·m/m；②随着顶管顶进深度的增加，每节顶管施工完成后 2、4、6、8 监测点处弯矩最大，说明施工开挖对顶管顶角处受力影响较大，施工中可以加强对顶管顶角的受力以及变形的监测；③左右两侧中间部位弯矩相对较小，说明在此处将管节分为两块也是合理的；④施工过程对一定位置处顶管横截面弯矩分布具有一定影响，所以有必要考虑不同施工阶段弯矩变化，为后期对管片单元配筋和浇筑混凝土提供可靠参数。

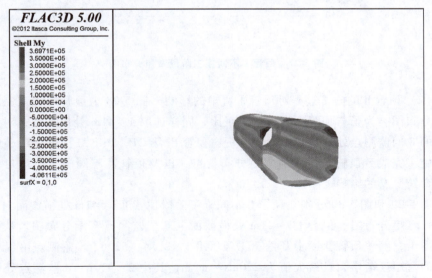

图 5-25　顶管Ⅰ施工完成后弯矩分布图

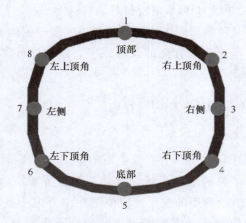

图 5-26　顶管横截面弯矩监测点布置图

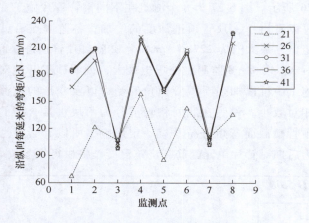

图 5-27　顶管 I 不同施工阶段弯矩分布图

（2）顶管 II 的施工过程对顶管 I 弯矩的影响　图 5-28 为顶管 II 施工完成后弯矩分布图。为了与顶管 I 施工形成对比，同样选取 $Y=41m$ 处横截面，对每个截面的 8 的监测点处的弯矩做以下分析：顶管 II 第 21、26、31、36、41 节钢管管片施工完成后顶管 I、II 的弯矩分布特点，以及顶管 II 不同施工阶段对顶管 I 的弯矩分布的影响。

图 5-29 和图 5-30 分别在顶管 II 不同施工阶段顶管 II $Y=41m$ 处横截面上 8 个监测点弯矩分布图、顶管 I $Y=41m$ 处横截面上 8 个监测点弯矩分布图。从图中可以看出，随着顶管 II 逐步开挖：①顶管 II 1、2、4、5、6、8 监测点沿纵向每延米的弯矩逐渐增大且最大值为 220kN·m/m，其中 2、4、6、8 监测点处每延

米的弯矩值较大,说明顶管Ⅱ施工对顶管Ⅱ管片角点处弯矩影响最大;②顶管Ⅱ3、7监测点弯矩有减小趋势,减小范围在20~30kN·m/m;③顶管Ⅱ施工使顶管Ⅰ弯矩值增大,但是不同位置处弯矩增大的幅度不同;6、7、8处弯矩值增幅较大,减小范围在15~30kN·m/m,即顶管Ⅱ施工对顶管Ⅰ管片左上顶角、左侧、左下顶角弯矩影响较大;④顶管Ⅱ施工时可以加强对顶管Ⅰ管片左侧受力及变形监测。

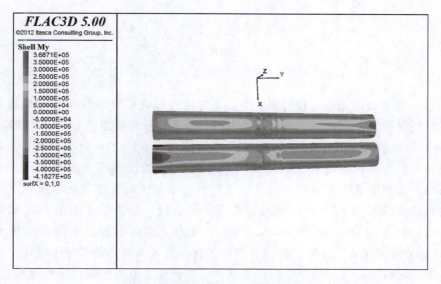

图 5-28 顶管Ⅱ施工完成后弯矩分布图

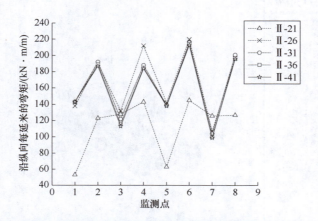

图 5-29 顶管Ⅱ不同施工步对顶管Ⅱ断面弯矩的影响

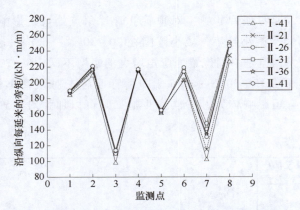

图 5-30　顶管Ⅱ不同施工步对顶管Ⅰ断面弯矩的影响

(3) 顶管Ⅲ的施工过程对顶管Ⅰ、Ⅱ弯矩的影响　图 5-31 为顶管Ⅲ施工完成后弯矩分布图。同样的，图 5-32～图 5-34 分别在顶管Ⅲ不同施工阶段顶管Ⅲ $Y=41m$ 处横截面上 8 个监测点弯矩分布图、顶管Ⅱ $Y=41m$ 处横截面上 8 个监测点弯矩分布图和顶管Ⅰ $Y=41m$ 处横截面上 8 个监测点弯矩分布图。从图中可以看出：①顶管Ⅲ弯矩随着顶管Ⅲ施工进行逐渐增大，开挖完成后每延米的弯矩达到最大值 $127kN·m/m$，出现在左侧下顶角处；②顶管Ⅱ右上角区域每延米的弯矩值增加 $20\sim40kN·m/m$；③顶管Ⅱ右下角区域每延米的弯矩值减小 $15kN·m/m\sim20kN·m/m$，顶管Ⅱ左侧区域每延米的弯矩值几乎不变化；④顶管Ⅰ上部区域的每延米的弯矩减小明显，受顶管Ⅲ施工的影响，减小范围在 $0\sim60kN·m/m$；⑤顶管Ⅰ下部区域的弯矩虽有减小趋势，但是变化幅度不大。

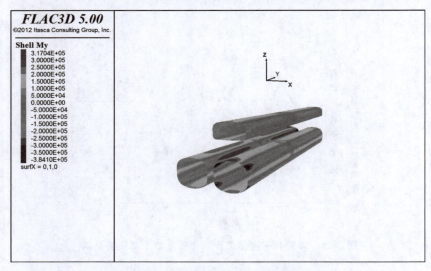

图 5-31　顶管Ⅲ施工完成后弯矩分布图

第 5 章 矩形顶管法车站系列实施技术研究

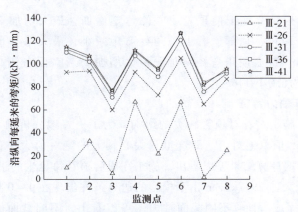

图 5-32 顶管Ⅲ不同施工阶段对顶管Ⅲ弯矩的影响

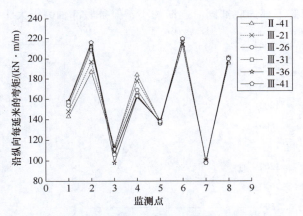

图 5-33 顶管Ⅲ不同施工阶段对顶管Ⅱ弯矩的影响

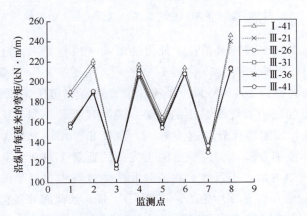

图 5-34 顶管Ⅲ不同施工阶段对顶管Ⅰ弯矩的影响

综上所述，顶管Ⅱ施工使顶管Ⅰ左侧弯矩增加，最大增加28%，顶管Ⅲ施工使顶管Ⅰ左上顶角、顶部、右上顶角处弯矩减小，最大减小18%；顶管Ⅲ施工使顶管Ⅱ顶部、右上顶角弯矩增加，最大增加16%，而右侧、右下顶角、底部弯矩减小，最大减小11%。

2. 顶管管节轴力特征

（1）顶管Ⅰ施工过程对顶管轴力的影响　为了更好地分析轴力相对大小，以下对计算得到的数值取绝对值，即这里只关心轴力的绝对值大小，没有考虑方向（见图5-35）。根据计算结果可以看出，施工完成后顶管每延米的轴力大小在220~2947kN/m，且最大值2947kN/m由于模型的边界条件出现在$Y=0$处截面，可以忽略不计。从施工完成后顶管不同截面轴力图可以看出，不同截面轴力变化趋势相同，顶管顶部轴力最小，左下顶角和右下顶角轴力最大，从顶部向两侧下部顶角逐渐增大，从两侧下部向底部同时逐渐减小，但是底部轴力仍大于顶部轴力。

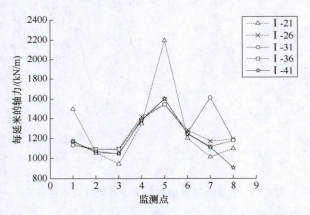

图5-35　顶管Ⅰ不同施工阶段对顶管Ⅰ轴力的影响

（2）顶管Ⅱ的施工过程对顶管Ⅰ轴力的影响　顶管Ⅱ不同施工阶段对顶管Ⅱ和顶管Ⅰ轴力的影响如图5-36和图5-37所示。从图5-36可以看出：①顶管Ⅱ每延米的轴力最大值为1643kN/m；②随着顶管Ⅱ逐步施工，顶管Ⅱ $Y=41$m处截面的各监测点的轴力有逐渐减小的趋势，说明顶管Ⅱ不同施工阶段对顶管Ⅱ管片轴力有影响；③随着顶管Ⅱ逐步施工，顶管Ⅱ管片轴力最大值由开始集中在5监测点向6监测点移动，说明已施工完成的顶管Ⅰ对顶管Ⅱ的轴力也有影响。从图5-37可以看出：①顶管Ⅰ在顶管Ⅱ施工过程中每延米的轴力最大值为1727kN/m；②随着顶管Ⅱ逐步施工，顶管Ⅰ $Y=41$m处截面的各监测点的轴力都增大，说明顶管Ⅱ不同施工阶段对顶管Ⅰ管片轴力有影响；③从增大幅度角度分析，顶管Ⅱ施工使顶管Ⅰ顶部、底部、上顶角处轴力变化较大。

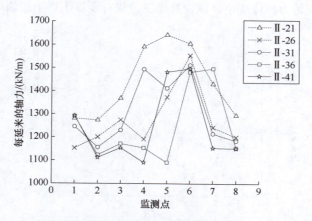

图 5-36　顶管Ⅱ不同施工阶段对顶管Ⅱ轴力的影响

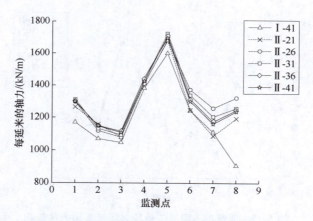

图 5-37　顶管Ⅱ不同施工阶段对顶管Ⅰ轴力的影响

（3）顶管Ⅲ的施工过程对顶管Ⅰ、Ⅱ轴力的影响　顶管Ⅲ不同施工阶段对顶管Ⅲ、顶管Ⅱ和顶管Ⅰ轴力影响如图 5-38～图 5-40 所示。从图 5-39 可以看出，随着顶管Ⅲ逐步施工，顶管Ⅲ管片 $Y=41m$ 处的每延米的轴力逐渐增大，施工完成后达到的最大值为 534kN/m，集中出现在顶管Ⅲ的顶部 1 监测点处，所以施工中可以加强对顶管Ⅲ顶部变形监测。从图 5-40 可以看出，顶管Ⅲ的施工使顶管Ⅱ管片 $Y=41m$ 处管片横截面的轴力有减小趋势；其中，2、3、4、5、8 监测点处每延米的轴力减小明显，减小范围为 40～100kN/m；1、6、7 监测点处轴力变化不明显。总体来说，顶管Ⅲ施工对顶管Ⅱ右下角区域和左上顶角区域的轴力影响较大。由图 5-40 可以看出，顶管Ⅲ的施工使顶管Ⅰ管片 $Y=41m$ 处管片横截面的每延米的轴力有减小趋势，减小范围为 20～200kN/m，即顶管Ⅲ的施工使顶管Ⅰ管片横截面轴力整体减小，顶管Ⅲ施工过程对顶管Ⅰ产生的轴力是偏安全的。

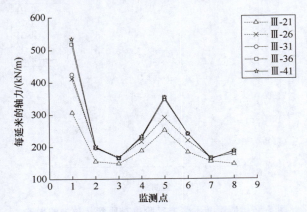

图 5-38　顶管Ⅲ不同施工阶段对顶管Ⅲ轴力的影响

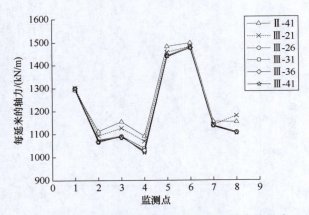

图 5-39　顶管Ⅲ不同施工阶段对顶管Ⅱ轴力的影响

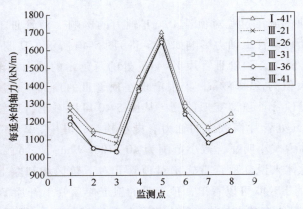

图 5-40　顶管Ⅲ不同施工阶段对顶管Ⅰ轴力的影响

3. 顶管管节土压力分布

（1）顶管Ⅰ施工过程对顶管应力的影响 图5-41为顶管Ⅰ施工完成后管节受到的土压力分布，从图中可以看出，顶管Ⅰ施工完成后土压力在110～345kPa，其中土压力最大值分布在顶管左下底角和右下底角。此外，侧向土压力并不是随着深度的增加而逐渐增大的，在$Z=-21.39$m处左右侧向土压力最大值为290kPa。

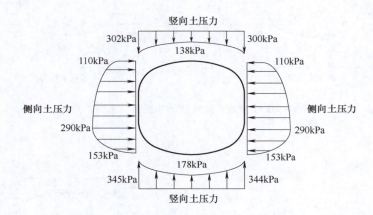

图5-41 顶管Ⅰ施工完成后管节受到的土压力分布

（2）顶管Ⅱ施工过程对顶管土压力的影响 图5-42为顶管Ⅱ施工完成后管节受到的土压力分布，从图中可以看出：①顶管Ⅱ施工完成后，顶管Ⅰ上部土压力减小，下部左下底角和右下底角应力减小而底部土压力增大，侧向土压力都增大，其中侧向土压力最大值集中出现在$Z=-21.39$m，侧向土压力最大值为357kPa，大于最大竖向土压力；②顶管Ⅱ施工完成后，顶管Ⅱ土压力最大值出现在管节下部，左下底角和右下底角处，分别为347kPa和344kPa，侧向土压力的变化并不随深度增加呈线性增加，而是先增大后减小，最大值也出现在$Z=-21.39$m左右，最大值为330kPa，即顶管Ⅱ的施工对顶管Ⅰ侧向、左下底角和右下底角应力分布影响较大。

（3）顶管Ⅲ施工过程对顶管应力的影响 图5-43为顶管Ⅲ施工完成后管节受到的土压力分布，从图中可以看出：①顶管Ⅲ施工完成后，顶管Ⅰ侧向和顶部底部的土压力整体减小，应力最大值由357kPa减小到323kPa，即顶管Ⅲ的施工使顶管Ⅰ所受土压力减小；②顶管Ⅲ施工完成后，顶管Ⅱ土压力在左上角区域增大，其他区域土压力变化不大，即顶管Ⅲ施工对顶管Ⅱ土压力分布影响呈现不对称性；③顶管Ⅲ施工完成后，顶管Ⅲ土压力范围为16～127kPa，土压力最大值分布在顶管左下底角和右下底角处；④顶管Ⅲ施工造成顶管Ⅰ、Ⅱ在$Z=$

−22～−21m 区域范围内土压力增大的现象。

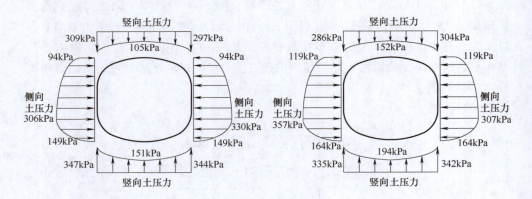

图 5-42　顶管 II 施工完成后管节受到的土压力分布

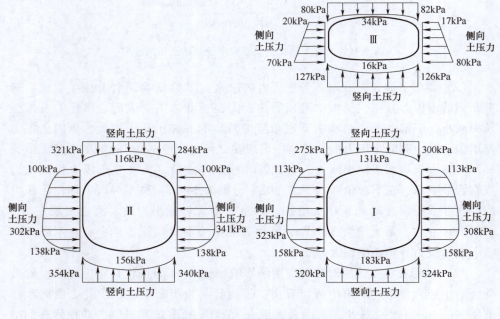

图 5-43　顶管 III 施工完成后管节受到的土压力分布

综上所述，随着顶管施工步进行，顶管横断面两侧应力整体呈梯形分布，但是在埋深 21～22m 处出现最大值，并不在顶管两侧底部出现最大值。

5.2.3 多次顶管顶进对高架桥的影响分析

1. 顶管施工对桩的影响

如图5-44所示,可以看出:①顶管Ⅰ施工完成后,桩侧向变形最大值为5.5mm,发生在右侧桩$Z=-17.8m$处;②左侧群桩整体向X负向变形的趋势,影响最大的范围在群桩埋深8.17~21.41m;③右侧群桩整体向X正方向变形的趋势,影响最大范围在群桩埋深14.61~21.44m。

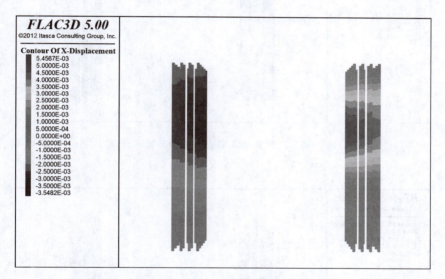

图5-44 顶管Ⅰ施工完成后桩侧向变形云图

由图5-45可以看出:①顶管Ⅱ施工完成后,桩侧向变形最大值为8mm左右,其中,左侧群桩埋深18.2m变形最大值为7.9mm,右侧群桩埋深18m变形最大值为8.1mm;②左侧群桩整体向X负向变形的趋势,影响最大的范围在群桩埋深14~20m;③右侧群桩整体向X正方向变形的趋势,影响最大范围在群桩埋深14~21m。即顶管Ⅱ的施工影响两侧群桩变形,对左侧群桩的影响大于右侧群桩的影响。

由图5-46可以看出,顶管Ⅲ施工完成后:①两侧群桩变形最大值为8.0mm左右,其中,左侧群桩埋深17.13m变形最大值为8.2mm,右侧群桩埋深16.31m变形最大值为8.0mm;②左侧群桩整体向X负向变形的趋势,影响最大的范围在群桩埋深12~20m;③右侧群桩整体向X正方向变形的趋势,影响最大范围在群桩埋深11~21m,即顶管Ⅲ的施工使左侧群桩向X负向变形增大且影响范围增大,右侧群桩向X正向变形减小但影响范围增大。

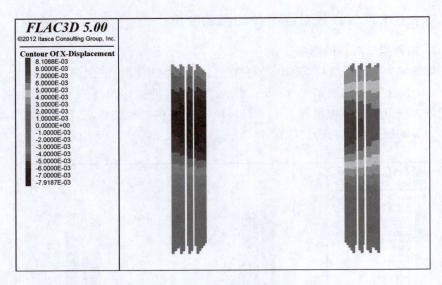

图 5-45 顶管Ⅱ施工完成后桩侧向变形云图

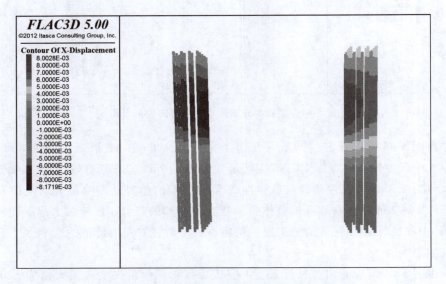

图 5-46 顶管Ⅲ施工完成后桩侧向变形云图

2. 顶管施工对承台的影响

图 5-47 为高架桥的桩基承台示意图，图 5-48～图 5-50 分别为顶管Ⅰ、Ⅱ、Ⅲ施工完成后承台侧向变形云图。由图 5-48 可以看出，顶管Ⅰ施工完成后，承

台变形量为 0~2.6mm，左侧承台的 Y 方向 6~8.4m 沿着 X 负向变形最大，最大值为 2.6mm，右侧承台的 Y 方向 6.6~8.4m 沿着 X 正向变形最大，最大值为 1.3mm，即顶管Ⅰ的开挖对左侧承台侧向变形的影响大于对右侧承台产生的侧向变形。

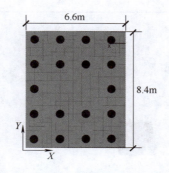

图 5-47　高架桥桩基承台示意图

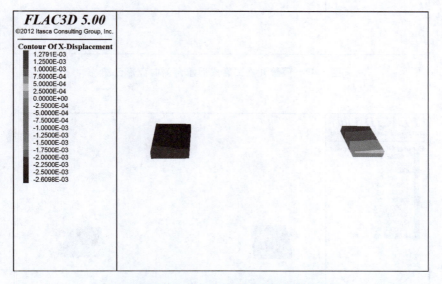

图 5-48　顶管Ⅰ施工完成后承台侧向变形云图

由图 5-49 可以看出，顶管Ⅱ施工完成后：承台侧向变形范围为 -3.7~3.5mm，左侧承台在顶管Ⅰ施工的基础上变形量则增加 1.2mm，右侧承台变形增加量为 2.2mm，说明顶管Ⅱ施工对右侧承台产生的附加变形大于左侧承台。

由图 5-50 可以看出，顶管Ⅲ施工完成后，顶管侧向变形范围为 -4.6~

5.6mm。其中，左侧承台侧向变形量差异性小，不均匀变形量较小。右侧承台 Y 方向 3.6~8.4m 的变形量大于 5.0mm，说明顶管Ⅲ施工对右侧承台产生的附加变形量可能会超出安全值 5mm，顶管Ⅲ开挖施工时可以加强对右侧承台变形的检测，做好一定施工安全储备，减小对延安路高架桥桥基的影响。

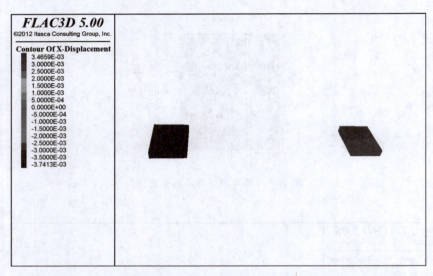

图 5-49　顶管Ⅱ施工完成后承台侧向变形云图

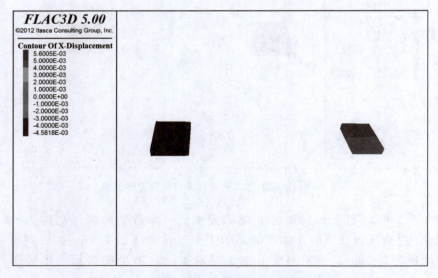

图 5-50　顶管Ⅲ施工完成后承台侧向变形云图

综上所述，顶管Ⅱ施工对桩侧向变形影响最大，而三个阶段施工对承台侧向变形都有相对较大影响，施工中应尤其注意变形控制。

5.2.4 多次顶管顶进对地表土体变形的影响分析

通过对计算模型 Y 方向中间面的地表沉降做分析，对比三个阶段对地表沉降的影响差异（见图 5-51～图 5-54），从图中可以看出：

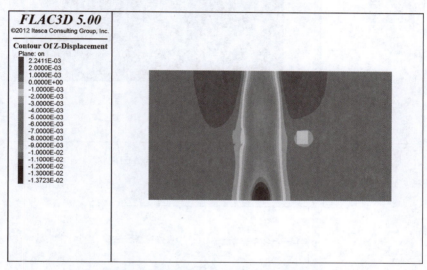

图 5-51　顶管Ⅰ施工完成后地表沉降云图

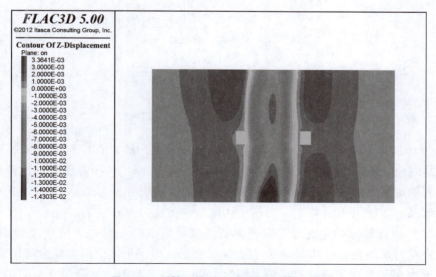

图 5-52　顶管Ⅱ施工完成后地表沉降云图

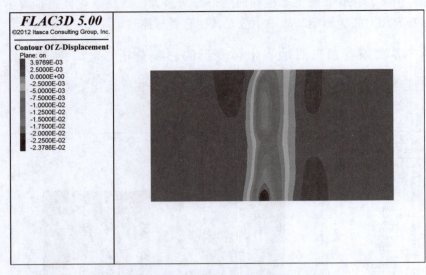

图 5-53 顶管Ⅲ施工完成后地表沉降云图

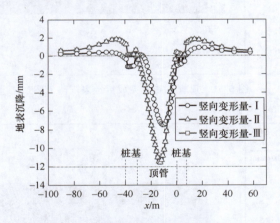

图 5-54 不同施工阶段地表沉降对比

（1）顶管Ⅰ施工完成后 顶管横断面地表沉降，最大值为 8mm 左右；顶管两侧桩基也产生一定沉降变形，变形量在 1.2~1.5mm，其中左侧桩基沉降量略大于右侧桩基；桩基两侧土体有一定隆起，最大隆起变形为 2mm 左右，其中左侧土体隆起范围为 30m 左右，右侧土体隆起范围也为 30m 左右。

（2）顶管Ⅱ施工完成后 顶管横断面区域的沉降变形最大值增大到 12mm 左右；左右两侧桩基有 0.2mm 左右的隆起变形；周围土体变形主要为隆起变形，右侧土体 30m 范围内隆起变形最大值为 1mm 左右，左侧土体隆起变形很小，一

第 5 章 矩形顶管法车站系列实施技术研究

一般不超过 0.2mm。

（3）顶管Ⅲ施工完成后 在顶管Ⅱ施工完成的基础上，顶管Ⅲ施工产生的附加地表沉降变形很小。

5.2.5 设计值与计算值比较

1. 设计荷载与计算荷载比较

图 5-55 和图 5-56 分别为设计荷载和数值模拟的计算荷载，可以看出，由于施工土体卸荷顶管周围受到的侧向应力和竖向应力都有所减小，说明设计荷载的取值具有一定的合理性。设计荷载可以满足安全性要求，但是设计荷载的分布与计算荷载的分布存在一定差异。

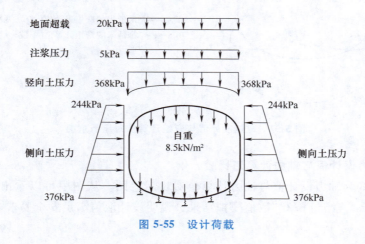

图 5-55 设计荷载

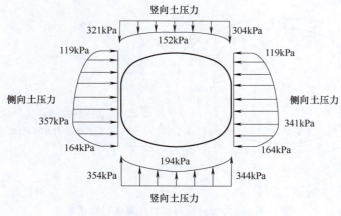

图 5-56 计算荷载

2. 弯矩设计值与弯矩计算值比较

图 5-57 为弯矩设计值与弯矩计算值对比示意图。从图中可以看出，弯矩设计值均大于或等于弯矩计算值，说明按照设计值进行后期顶管钢筋配筋和混凝土浇筑的计算方案具有一定的安全储备。

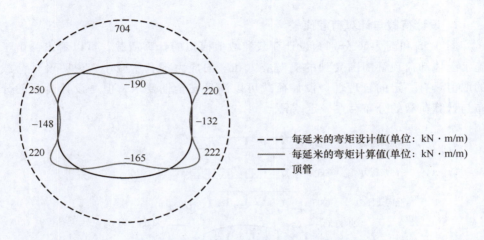

图 5-57　弯矩设计值与弯矩计算值对比示意图

3. 轴力设计值与轴力计算值比较

图 5-58 为轴力设计值与轴力计算值对比示意图。从图中可以看出，轴力设计值均大于或等于 $FLAC^{3D}$ 数值模拟结果，说明设计取值满足安全要求。

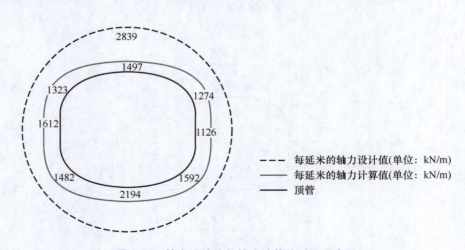

图 5-58　轴力设计值与轴力计算值对比示意图

5.3 大断面顶管群工作井结构设计关键技术

5.3.1 设计难点分析

上海市轨道交通 14 号线静安寺站首次在淤泥质软土地区采用顶管法实施建造地铁车站，由于车站中部采用了 3 个大断面矩形顶管的"品"字形布置方案，使南北两端各形成了一个地下三层、端墙多洞口的顶管工作井结构，与常规的地铁车站端头井有显著的不同，主要设计难点如下：

1）工作井的南端墙需要开设 3 个顶管洞口，大断面洞口在空间上的不对称布置，导致工作井的受力非常复杂。

2）顶管尺寸和建筑净空两者产生矛盾，使施工阶段的水平框架梁和使用阶段的结构楼板无法结合设置。

3）工作井的地下墙分幅之间不能传递拉力，而内衬墙则是整体浇筑结构，因此叠合墙属于竖向与横向刚度不同的各向异性板。

针对上述工程难点，设计时需要综合考虑，并采取针对性措施，以确保结构方案的安全可靠和经济合理。

5.3.2 限制条件及结构设计方案

1. 工作井水平楼板结构限制条件

根据周边环境和建筑功能的要求，A 区工作井采用了地下三层、单柱双跨的框架结构形式。为了满足施工阶段顶管和盾构的吊装，在工作井的顶板、下一、下二层板上都预留两个 13m×11m 的吊装孔，导致楼板的水平刚度大大削弱，无法在施工阶段对端墙提供有效的水平支撑。另外，由于端墙上顶管洞口的竖向尺寸较大，使下一、下二层施工阶段的水平框架梁不能结合楼板设置。经综合考虑，施工阶段在顶板设置一道顶框架梁，在下一、下二层板的中间设置一道水平施工支承梁。根据使用阶段设备层的建筑布置方案，施工支承梁允许的截面尺寸为 1700mm×2000mm（见图 5-59 和图 5-60）。

2. 工作井端墙结构限制条件

一方面，由于工作井底板的埋深较大，端墙要承受较大的侧向压力；另一方面，3 个大断面顶管洞口在端墙上呈不对称布置，端墙的刚度大幅度减小，受力十分复杂。因此，采用了在端墙设置扶壁柱和施工支承梁的壁式框架方案。

扶壁柱的高度约为 21m，在水平向受到顶纵梁、下一、下二层纵梁和底纵梁的支撑，可以看作竖向放置的 3 跨连续梁，受使用阶段的建筑功能限制，扶壁柱允许的截面尺寸为 1050mm×1700mm。

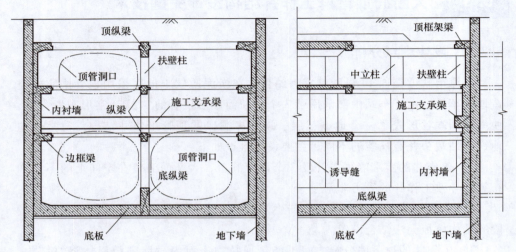

图 5-59 施工阶段工作井结构图

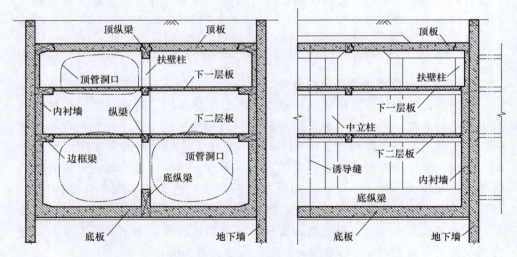

图 5-60 使用阶段工作井结构图

3. 设计比选方案

该工作井施工支承梁的水平跨度约为 27m，两端受到侧墙的约束，跨中与扶壁柱正交。由于扶壁柱的截面尺寸比施工支承梁要小，跨度更大的施工支承梁相当于壁式框架中的主梁，反而需要承担更多的水平荷载，因此，为了确保结构体系的安全可靠，设计了 3 个比选方案：

1）方案1：施工阶段加大构件截面尺寸。为了满足施工阶段结构的承载力要求，加大施工支承梁的截面尺寸至 1700mm×3000mm，并在后期进行凿除。

2）方案2：采用型钢混凝土组合结构。在构件尺寸固定的前提下，采用型钢混凝土组合结构是提高刚度的手段之一，本方案在施工支承梁内插入H形型钢（1800mm×1500mm×20mm×20mm）。

3）方案3：对端墙进行水平托换。维持施工支承梁和扶壁柱的截面尺寸不变，在施工支承梁与扶壁柱相交处布置了混凝土斜撑进行结构的水平托换，斜撑的另一端顶在中立柱和下二层纵向框架梁的交点处（见图5-61）。

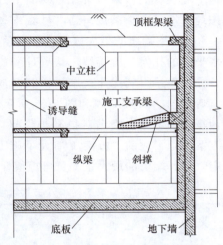

图 5-61　端墙的水平托换方案

5.3.3　有限元计算与分析

在工作井的整个施工过程中，最不利的工况是拆除全部支撑、内部结构回筑完成、地下墙顶管洞口凿除前的状态。为验证结构方案的合理性，基于荷载-结构法，采用有限元软件 ANSYS 对工作井进行了施工阶段的三维数值分析。

框架梁、柱、斜撑采用 Beam4 单元，地下墙、内衬墙和结构板采用 Shell63 单元，土弹簧采用 Link10 单元（刚度 $K = 30000\text{kN/m}^3$），型钢组合结构通过改变 Beam4 单元实参数的手段模拟。计算模型的长度取至第一条诱导缝处，3个方案的有限元模型，如图5-62和图5-63所示。

图 5-62　方案1、方案2 的有限元模型

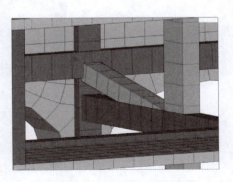

图 5-63　方案3 的有限元模型

为了使工作井叠合墙的弯矩分配更加合理，在建模时做了以下处理：墙体在工作井转角位置取内衬墙的厚度，在其他位置取地下墙和叠合墙的总厚度；取地下墙顶管洞口未打开工况为计算工况，作用于顶管洞口上的水土压力等荷载按地下墙竖向板条传递到内衬墙井壁洞口的四周。

3 个方案端墙的最大弯矩（标准值），见表 5-9。方案 3 采用斜撑对端墙进行了水平向的托换，由端墙、扶壁柱和施工支承梁组成的壁式框架增加了一个支点，受力体系得到优化，水平向和竖向的最大正、负弯矩值是 3 个方案中最小的，弯矩图，如图 5-64 和图 5-65 所示。方案 2 采用在施工支承梁内插入型钢，由计算结果可知，型钢对提高构件整体刚度的作用非常有限，端墙的弯矩在 3 个方案中是最大的。方案 1 加大了施工支承梁的截面尺寸，对提高构件刚度有一定效果，端墙的最大正、负弯矩值介于方案 2 和方案 3 之间。

表 5-9 3 个方案端墙的最大弯矩（标准值）

内力	最大正弯矩/(kN·m)		最大负弯矩/(kN·m)	
	水平向	竖向	水平向	竖向
方案 1	4050	5208	-2952	-2603
方案 2	4253	5364	-3070	-2694
方案 3	3764	4807	-2795	-2465

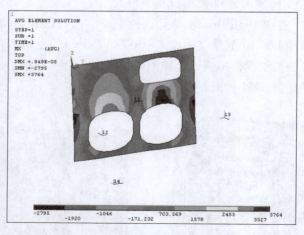

图 5-64 方案 3 端墙水平弯矩图（单位：kN·m）

3 个方案施工支承梁的弯矩图，如图 5-66 所示。施工支承梁的弯矩图呈"M"形分布，最大正弯矩位于站厅层顶管开洞一侧，最大负弯矩位于两端。对于方案 1 和方案 2，施工支承梁的中部受到扶壁柱的约束，两者相交处的弯矩有一定的减小；方案 3 由于采用斜撑进行了水平托换，使施工支承梁中部受到的约束得到进一步加强，弯矩接近于零。

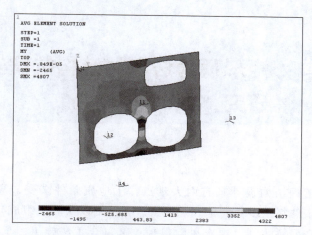

图 5-65 方案 3 端墙竖向弯矩图（单位：kN·m）

经综合比较，3 个结构方案中增加斜撑的方案是最优的，可选为实施方案。该方案通过采用由端墙、扶壁柱、施工支承梁、临时混凝土斜撑组成的结构体系，解决了工作井受力复杂、施工阶段水平框架梁和楼板无法结合设置的难题，可以得到以下结论：

1）顶管工作井的结构设计需要综合考虑顶管的截面尺寸、布置形式和施工工艺，避免影响建筑的使用功能。

2）顶管工作井的受力具有明显的空间效应，端墙的最大弯矩主要集中在下三层两根大顶管的顶部和中间区域。

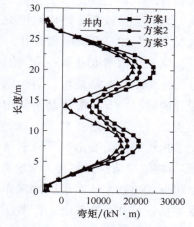

图 5-66 3 个方案施工支承梁的
弯矩图（单位：kN·m）

3）当施工阶段的水平框架梁和使用阶段的结构楼板无法结合设置时，可采用施工支承梁和临时混凝土斜撑的复合壁式框架体系对端墙结构进行水平托换。

第6章 矩形顶管法车站结构抗震安全性研究

静安寺站工程结构设计具有两大难点：①地质条件多变，周围环境复杂，车站区域地质条件复杂多变（饱和黏性土、粉性土以及砂土组成），车站主体结构下穿延安路高架桥主线，要求风险可控；②复合工法施工，车站结构刚度突变，为确保延安路通行能力和工程安全，车站结构施工拟采用两端明挖法、中间顶管法组合工法，为工程重、难点之一，两端与中间段车站结构断面差异性大，从而会导致车站结构刚度突变，且平面和竖向不规则。在地下结构一般的情况下，只需进行横断面设计，这是由于大多数地下工程沿线路方向均为线性且沿纵向结构刚度基本一致，因而可以看作平面应变问题进行计算。而对于复合工法施工的车站结构，结构刚度变化段是典型的三维结构分析问题，是工程设计的薄弱环节，成为制约结构安全的关键控制点，尤其是结构刚度变化段的抗震设计，若刚度过大，则会产生局部应力集中，威胁结构安全；若刚度过小，则会出现过大的变形，不利于结构防水和正常使用。为此，本章建立了中间顶管-两端框架结构的复合工法地铁车站的整体三维有限元模型，分析了这种特殊结构形式地铁车站在设防地震作用下的动力响应，找出了各个结构部分的关键受力部位，并对比了刚接、柔性接头以及变形缝这三种不同的接头形式下连接部位的内力响应。

6.1 有限元计算模型及参数

6.1.1 土体的计算范围及人工边界条件

根据《地下铁道建筑结构抗震设计规范》（DG/TJ 08-2064—2009）要求，土体模型尺寸取 350m（沿车站横向方向）×420m（沿车站纵向方向）×70m（深

第 6 章　矩形顶管法车站结构抗震安全性研究

度方向），边界横向距结构边缘 160m，大于 5 倍结构宽度且大于 16 倍顶管宽度；纵向距离结构边缘 91m，大于 3 倍结构宽度且大于 9 倍顶管宽度；底部距结构边缘 45m，大于 2 倍结构总高度且大于 5 倍顶管高度。

模型的侧向人工边界采用远置侧移边界，即在地震动输入方向上不约束边界相应的自由度，而约束其余方向的自由度。

6.1.2　单元类型及网格划分

采用有限元软件 ABAQUS 对复合工法地铁车站结构-土相互作用体系进行动力时程分析。车站结构的墙板以及顶管结构均采用壳单元进行模拟，单元尺寸为 1m×1m；柱用梁单元模拟，单元尺寸为 1m；土体采用实体单元，最小单元尺寸为 1m×1m。为使从基底入射的地震波能够顺利传播，在地震波传播方向的单元尺寸为主要地震波波长的 1/10～1/8。剪切波速取 150m/s，考虑到计算采用的上海人工波的主频均小于 5Hz，即考虑计算到 5Hz 的地震波，波长 30m，同时考虑为了保证计算效率，节约时间成本，故在竖向土体单元尺寸最大值取为 3.6m，水平方向上的土体单元最大尺寸为 20m，相邻两单元尺寸相差不超过 1.5 倍。最终，在整个有限元模型中，总单元数接近 32 万个，其中，车站和顶管结构约为 1.9 万个单元，土体约为 30 万个单元。车站结构及土体有限元网格模型，如图 6-1 和图 6-2 所示。

图 6-1　车站结构有限元网格模型

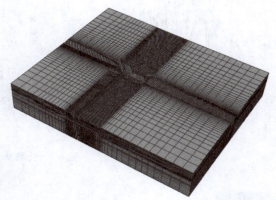
图 6-2　土体有限元网格模型

6.1.3　材料模型及阻尼模型

在数值模拟中，为了简化计算，将车站两端框架和中间顶管结构视为均匀连续的混凝土材料，采用线弹性模型；对于 A、C 区车站结构，除柱用 C40 混凝土以外，其余部分均使用 C35 混凝土；顶管结构采用 C55 混凝土。具体材料参数见表 6-1。

表 6-1 车站结构材料参数

结构	混凝土等级	密度/(kg/m³)	弹性模量/GPa	泊松比
柱	C40	2500	32.5	0.2
墙板	C35	2400	31.5	0.2
顶管	C55	2500	35.5	0.2

土体的非线性特性通过等效线性化方法来考虑。土体阻尼采用瑞利阻尼进行计算，阻尼系数 $\alpha = 0.405274$，$\beta = 0.002378$。

6.1.4 输入地震动

采用时程分析法进行结构的动力响应分析时，考虑设防烈度地震作用，在模型土体底部沿结构横向输入 50 年内超越概率 10% 的上海人工波，总时长为 20.47s，峰值加速度约为 0.07g。上海人工波（时程曲线及傅氏谱曲线），如图 6-3 所示。

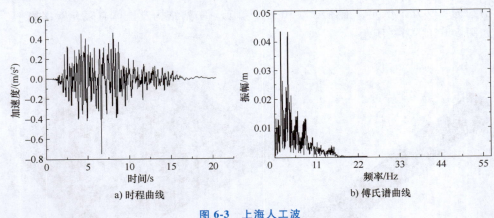

a) 时程曲线　　　　　　　　　b) 傅氏谱曲线

图 6-3 上海人工波

6.2 设防地震下车站结构地震响应

6.2.1 顶管结构的动力响应

顶管与车站之间假定为刚接且顶管按均质材料处理，不考虑管节之间的接缝。对有限元计算结果进行分析的内容主要包括结构的内力响应和位移响应；

内力响应包括两端车站各构件的内力以及顶管段关键断面的内力，位移响应包括两端车站的最大层间位移和顶管横截面的变形。对于壳单元，提取的内力响应均为每延米的内力值。

如图 6-4 和图 6-5 所示，车站中间顶管结构的应力云图和内力响应云图。从图中可以看出，对于车站的顶管部分，其与两端框架结构的连接处断面在动力作用下产生了较大的内力响应，并且其与四个联络通道的连接部位也产生了明显大于其他部位的应力，因此，在分析中，可将这几个连接处作为重点分析对象。如图 6-6 所示，中间顶管与两端框架结构的连接断面分别记为断面 A 和断面 C；四个联络通道从 A 区到 C 区分别记为联络通道 a、b、c、d，与站台层顶管的连接断面分别记为断面 Ⅰ 和断面 Ⅱ。

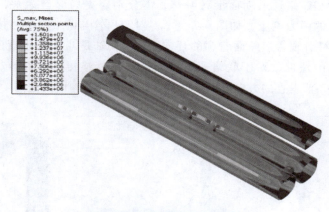

图 6-4　顶管结构的应力云图

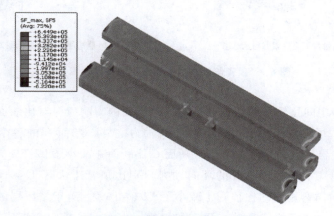

图 6-5　顶管结构的内力响应云图

图 6-6 顶管模型平面图

由于顶管和联络通道断面形状特殊,需分别建立局部坐标系,以此查看结构不同方向上的内力响应,如图 6-7 所示。对于顶管与两端框架结构的连接处横断面,1 轴是沿着顶管横断面轮廓的环向方向,2 轴是与 1 轴垂直的方向,3 轴是顶管结构面的法向。对于联络通道两侧的与顶管连接的断面,2 轴是环向方向,1 轴是与 2 轴垂直的方向,3 轴同样是联络通道结构面的法向。

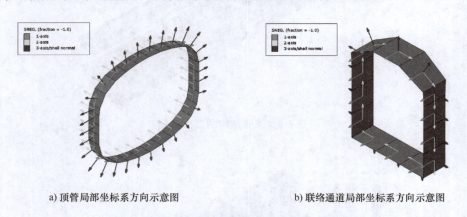

a) 顶管局部坐标系方向示意图　　b) 联络通道局部坐标系方向示意图

图 6-7 顶管与联络通道局部坐标系方向示意图

表 6-2 为中间顶管与两端框架结构连接断面内力响应,对比断面 A 和断面 C 的内力响应,可以发现除了顶管 Ⅱ 的环向轴力之外,断面 C 的各个内力值均小于断面 A,差异最大的是环向剪力,断面 C 比断面 A 减小了 22.5%。对于站台层的两个大顶管 Ⅰ 和 Ⅱ,顶管 Ⅱ 的环向轴力分别比顶管 Ⅰ 大了 1.4% 和 5.7%;而环向剪力和横向弯矩则均比顶管 Ⅰ 减小了 12%~16%。对于站厅层的顶管 Ⅲ,其环向轴力远远小于两个大顶管,只有它们的一半左右;横向弯矩值也略有减小;环向剪力值则明显增大,最高可比大顶管提高 79%。

表 6-2 中间顶管与两端框架结构连接断面内力响应

顶管编号	断面 A			断面 C		
	环向轴力/kN	环向剪力/kN	横向弯矩/(kN·m)	环向轴力/kN	环向剪力/kN	横向弯矩/(kN·m)
顶管 I	5238.9	329.2	224.6	5125.1	255.2	203.3
顶管 II	5313.0	277.7	188.5	5416.2	219.8	177.4
顶管 III	2672.3	428.9	177.4	2362.5	393.5	172.3

如图 6-8 所示，站台层顶管与联络通道连接处断面内力响应。可以明显看出：对于纵向轴力和纵向弯矩，两边联络通道的响应均小于中间两个联络通道的响应，且联络通道与其两边顶管的两个连接处的响应值较为接近；对于两边的两个联络通道 a 和 d，与顶管 II 连接处的响应略小于与顶管 I 的连接处，而对于中间的联络通道 b 和 c 则恰恰相反。对于纵向剪力，显然断面 I 的响应均大于断面 II，而在不同的联络通道处，响应断面的纵向剪力值都较为接近，没有明显地变化规律。

表 6-3 给出了车站中间顶管与两端框架结构的两个连接处断面的最大横向剪切变形。与前述两端框架结构的两个断面的层间位移响应类似，断面 C 的最大横向剪切位移也都显著地小于断面 A。根据规范中对地铁车站结构设防烈度作用下的抗震变形要求，最大层间位移角不宜超过 1/500，而在本工况中，最大的位移角都在 1/1000 以下，远远小于规范规定的限值，可认为结构的位移响应是在安全范围以内的。

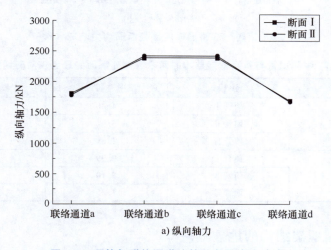

a) 纵向轴力

图 6-8 顶管与联络通道连接处断面内力响应

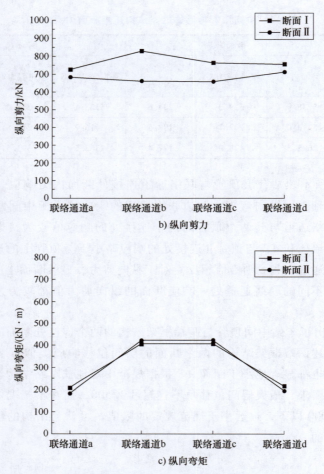

图 6-8 顶管与联络通道连接处断面内力响应（续）

表 6-3 中间顶管与两端框架结构的两个连接处断面的最大横向剪切变形

断面编号	顶管	最大横向剪切位移/mm	最大位移角
断面 A	顶管 Ⅰ	4.46	1/1338
	顶管 Ⅱ	3.94	1/1514
	顶管 Ⅲ	1.81	1/2054
断面 C	顶管 Ⅰ	2.99	1/1995
	顶管 Ⅱ	3.10	1/1924
	顶管 Ⅲ	1.25	1/2974

6.2.2 两端框架结构的地震响应

如图 6-9 所示，车站两端 A 区和 C 区框架结构应力响应云图。可以看出，

第 6 章　矩形顶管法车站结构抗震安全性研究

柱端及墙、板的结合处都是应力较大的部位。从 A 区车站靠近端头一侧的第一根单柱算起，按照由 A 区指向 C 区的方向，将 A 区中柱依次编号为 Z1~Z11，将 C 区中柱依次编号为 Z12~Z15。框架结构柱端轴力与剪力峰值分布，如图 6-10 所示。从图中可以看出，对于柱端轴力，首先，A 区和 C 区都是柱底轴力明显大于柱顶轴力。A 区中柱的柱底轴力相较于柱顶均增大了 37%~42%，且这种增大呈现出中间大、两边小的变化规律，即两边柱子的柱底轴力增大的幅度略小于中间柱子的增幅；C 区中柱的柱底轴力相比柱顶轴力的增幅则均在 33%~37%，但是增幅的变化规律与 A 区相反，中间小而两边稍大一些。其次，对于同一区域的中柱来说，两边柱子的柱端轴力均大于中间柱子的柱端轴力；但是这种变化在 A 区表现得更为显著，C 区的变化则不是特别明显，两边柱子相较于中间柱子的柱端轴力增量均在 3.5%以内。此外，还发现，C 区的柱端轴力均大于 A 区，柱顶轴力 C 区比 A 区各根中柱的最大值大了 16%~19%，柱底轴力则大了 13%~17%。对于柱端剪力，A 区中柱表现出柱顶剪力大于柱底剪力且中间柱子的柱端剪力大于两端柱子的规律；柱顶剪力值普遍为柱底剪力值的 1.2~2 倍，且中间柱子的顶底端剪力值差异明显大于两边柱子。C 区除了 Z12 的柱顶剪力略大于柱底剪力，其余三根柱子均是柱底剪力更大一些；从总体变化趋势来看，Z12~Z14 的柱端剪力逐渐减小，而到了靠近结构端部的 Z15，柱端剪力值又比 Z14 分别提高了 1.5%和 6.6%。

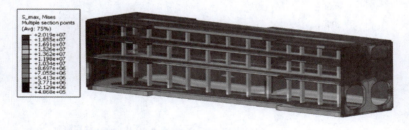

a) A 区结构应力云图

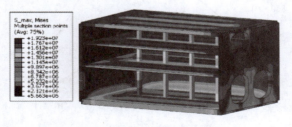

b) C 区结构应力云图

图 6-9　车站两端框架结构应力响应云图

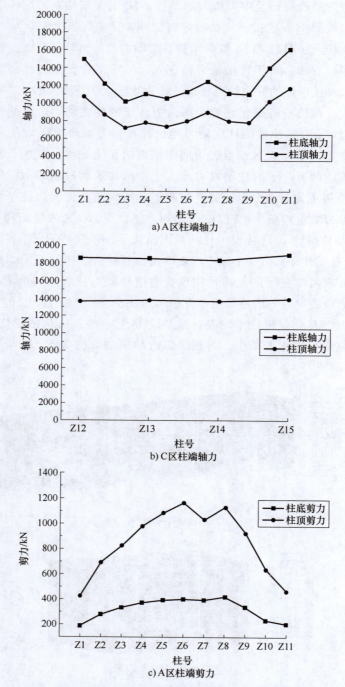

图 6-10 车站两端框架结构柱端轴力与剪力峰值分布

第 6 章 矩形顶管法车站结构抗震安全性研究

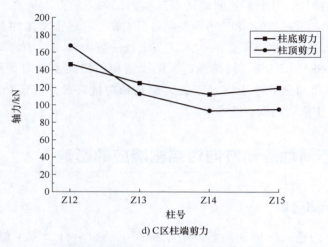

d) C 区柱端剪力

图 6-10 车站两端框架结构柱端轴力与剪力峰值分布（续）

选取 Z6 和 Z13 所在横断面来分析车站框架结构的动力响应。表 6-4 和表 6-5 分别给出了车站 A 区和 C 区内相应断面的内力响应和位移响应。内力响应主要包括各个板墙构件的剪力和弯矩；位移响应主要包括各层车站沿输入地震动方向的层间位移和相应的层间位移角。

表 6-4 两端框架结构内力响应

构件	A 区		C 区	
	剪力/kN	弯矩/(kN·m)	剪力/kN	弯矩/(kN·m)
顶板	873.3	891.8	922.4	1454.0
中板一	320.8	358.2	289.2	338.3
中板二	291.3	359.5	296.5	380.2
底板	1965.3	3021.7	2837.3	3370.7
侧墙	1697.6	3035.3	1865.9	3404.8

表 6-5 两端框架结构位移响应

构件	A 区		C 区	
	层间位移/mm	层间位移角	层间位移/mm	层间位移角
上层	3.94	1/1388	1.52	1/3599
中层	6.42	1/970	2.51	1/2482
下层	7.52	1/1338	4.33	1/2323

根据计算结果，对于车站两端的框架结构，内力的最大值都产生在侧墙与底板的交接部位。从表 6-4 和表 6-5 数据可以看出，C 区框架结构各个构件的内力除了中板一之外均大于 A 区的，尤其是底板的剪力和顶板的弯矩，分别比 A 区的大了 44.4% 和 63.0%。同时，C 区框架结构的层间位移明显小于 A 区的，但是层间位移角均远远小于《地下铁道建筑结构抗震设计规范》（DG/TJ 08-2064—2009）中规定的限值 1/500。

6.3　不同地震动方向对结构响应的影响

6.3.1　地震动选取

在探讨不同输入方向的地震动对结构产生的影响时，为了便于对比，均选用 70m 深度处超越概率为 10% 的上海人工波作为输入地震动，峰值加速度为 0.07g，总时长为 20.47s，输入方向为水平横向、水平纵向及竖直方向（横向与纵向均为沿结构相应方向）；其中，根据《建筑抗震设计规范（2016 年版）》（GB 50011—2010）的相关规定，当输入竖向地震动时，其峰值加速度取为水平向地震动峰值加速度的 0.65 倍，其具体工况，见表 6-6。

表 6-6　不同输入方向的地震动计算工况表

工况编号	地震动输入方向	各个方向地震动峰值加速度比值
工况一	水平横向	—
工况二	水平纵向	—
工况三	水平横向+竖向	1∶0.65
工况四	水平纵向+竖向	1∶0.65

6.3.2　结构的内力响应

如图 6-11 所示，车站结构各个部分在地震动作用下的最大应力云图，即每个单元在整个输入地震动时程中所产生的应力的最大值。可以看出，在两端框架结构中，中柱的柱端产生了较大应力，且侧墙与板的交界处的应力也大于其余部位；而对顶管段来说，其与两端框架的连接处以及联络通道与两侧顶管的连接处则产生了应力集中现象，在受力分析中，应当将这些地方作为潜在的薄弱环节而着重进行分析。

第 6 章 矩形顶管法车站结构抗震安全性研究

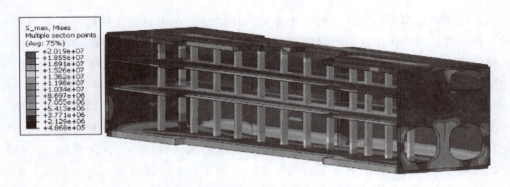

a) A 区车站结构最大应力云图（上海人工波沿结构横向输入）

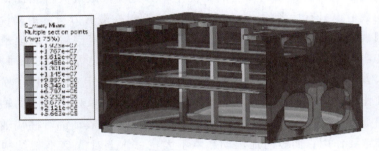

b) C 区车站结构最大应力云图（上海人工波沿结构横向输入）

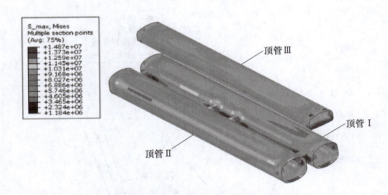

c) 顶管结构最大应力云图（上海人工波沿结构横向输入）

图 6-11　车站结构各个部分在地震动作用下的最大应力云图（单位：Pa）

在比较内力时，提取的结果均为结构相应部位每延米的内力响应。为了便于整理计算结果，从 A 区车站靠近端头一侧的第一根单柱算起，按照由 A 区到 C 区的方向，将 A 区中柱依次编号为 Z1～Z11、C 区中柱依次编号为 Z12～Z15。

如图 6-12 所示，A 区框架结构中柱柱端轴力、剪力及弯矩最大值沿车站结构长度方向的变化情况。从整体上来看：柱端轴力在中间的几根柱子处差异并不是很大，但是在接近框架结构端部位置的两侧的 Z1、Z2 和 Z11、Z12 处，其峰值都有明显的上升；而柱端剪力和弯矩的分布规律则与轴力相反，此二者的变化情况线条形状趋于一致，靠近端部的柱子内力峰值较小而中间的柱子内力峰值较大，沿结构纵向经历了先增大后减小的变化规律。在沿不同方向输入的地震动作用下，柱端剪力及弯矩最大值仍然呈现出了高度一致的规律，峰值最大的工况都是地震动仅沿结构横向输入，沿纵向输入时最小，加上竖向输入的地震动时两个内力峰值则介于前两者之间。对比地震动横向输入与纵向输入的工况，后者的剪力及弯矩最大值均远远小于前者；同样，这两种工况中再分别加上竖向地震动输入时，纵向加竖向工况中，剪力及弯矩最大值相比横向加竖向工况中的数值也只有后者的 10%~45%。这说明对柱端剪力与弯矩来说，能够起到决定因素的还是沿结构横向输入的地震动；而加上竖向输入的地震动会令柱端剪力和弯矩峰值减小，但幅度只在 6%~14% 范围内。对于柱端轴力来说，地震动输入方向所产生的影响与前两者不同。除 Z1~Z3 外，其余柱子横向输入地震动单独作用时产生的轴力仍然大于纵向输入地震动单独作用下的轴力，但是浮动范围都在 2%~9%，说明横向输入和纵向输入的地震动都对柱端轴力的大小都起到了重要作用；而竖向地震动影响不大。总体上对 A 区框架结构柱端内力而言，控制力最强的还是沿结构横向输入的地震动。

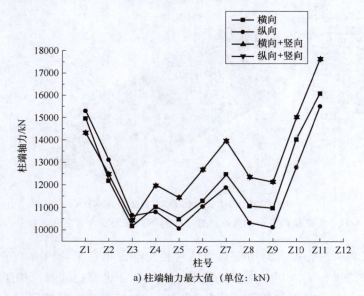

a) 柱端轴力最大值（单位：kN）

图 6-12　A 区框架结构中柱柱端轴力、剪力及弯矩最大值沿车站结构长度方向的变化情况

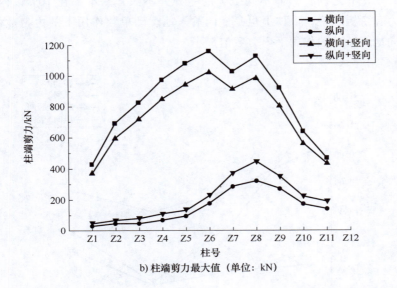

b) 柱端剪力最大值（单位：kN）

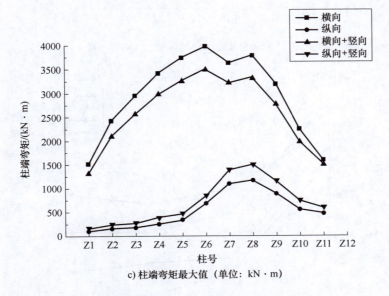

c) 柱端弯矩最大值（单位：kN·m）

图 6-12　A 区框架结构中柱柱端轴力、剪力及弯矩最大值沿车站结构长度方向的变化情况（续）

如图 6-13 所示，C 区框架结构中柱柱端轴力、剪力及弯矩最大值变化情况。C 区的情况与 A 区有一定的相似之处，但也存在一定的差异性。对于柱端轴力来说，仅输入横向地震动时，轴力峰值最小，仅输入纵向地震动时最大，双向输入时介于二者之间，然而不同工况的差异并不大，基本都在 10% 以内。对于柱端剪力和弯矩来说，大体上也是横向输入地震动单独作用下的内力数值最大，输入纵向地震动单独作用下内力数值最小。

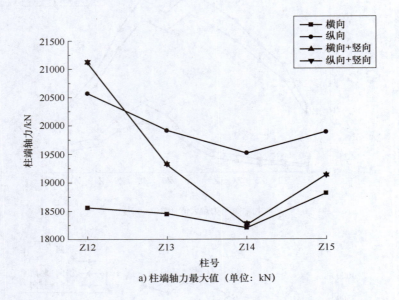

a) 柱端轴力最大值（单位：kN）

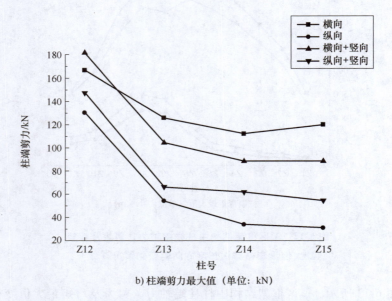

b) 柱端剪力最大值（单位：kN）

图 6-13　C 区框架结构中柱柱端轴力、剪力及弯矩最大值变化示意图

第 6 章　矩形顶管法车站结构抗震安全性研究

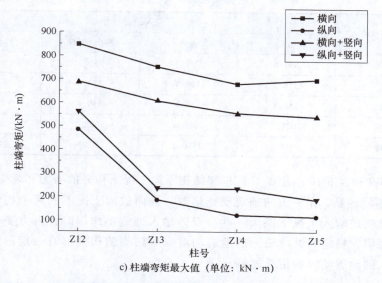

c) 柱端弯矩最大值（单位：kN·m）

图 6-13　C 区框架结构中柱柱端轴力、剪力及弯矩最大值变化示意图（续）

为了了解两端框架结构墙、板等构件在各个工况中的动力响应情况，分别选取 A 区框架结构中 Z6 所在横断面及 C 区结构中 Z13 所在横断面进行内力响应分析。表 6-7 和表 6-8 分别是 A 区框架不同工况下构件剪力和构件弯矩。对于剪力来说，沿单一方向输入地震动时，方向沿结构横向时各个构件的响应明显较大；方向沿结构纵向时，顶、底板和侧墙的剪力峰值也较大，中板的响应则较小。考虑到双向输入的地震动，纵向地震动叠加竖向地震动时，构件剪力值有 15%~20% 的提升；而横向地震动叠加竖向地震动后，中板和底板的响应值则减小 8% 左右，顶板和侧墙变化较小（不足 1%）。对于构件弯矩来说，单一输入方向的地震动作用时，与剪力最大值有相似的变化规律；纵向地震动叠加竖向地震动之后，弯矩也有一定的增大；横向地震动与竖向地震动的组合工况下变化规律不明显。

表 6-7　A 区框架结构不同工况下构件剪力　　　　　　（单位：kN）

构件	工况（输入地震动方向）			
	横向	纵向	横向+竖向	纵向+竖向
顶板	873.3	707.2	875.3	816.4
中板一	320.8	132.9	292.7	157.1
中板二	291.3	119.5	267.2	138.9
底板	1965.3	1480.2	1793.3	1733.0
侧墙	1697.6	1530.4	1711.3	1812.7

表 6-8 A 区框架结构不同工况下构件弯矩　　（单位：kN·m）

构件	工况（输入地震动方向）			
	横向	纵向	横向+竖向	纵向+竖向
顶板	891.8	731.1	949.2	949.0
中板一	358.2	128.3	334.3	170.2
中板二	359.5	156.4	330.7	210.9
底板	3021.7	2589.7	3028.2	2918.5
侧墙	3035.3	2536.2	3204.9	2932.3

表 6-9 和表 6-10 给出了 C 区框架结构不同工况下构件的剪力和弯矩最大值。与 A 区不同的是，单一方向地震动作用时，纵向输入工况下的两个构件内力的峰值都比横向输入工况下略大一些。双向输入地震动作用时，内力变化幅度不大。这说明，横向和纵向输入的地震动对框架结构的构件都有一定的影响，而竖向输入的地震动影响相对较小。

表 6-9 C 区框架结构不同工况下构件剪力　　（单位：kN）

构件	工况（输入地震动方向）			
	横向	纵向	横向+竖向	纵向+竖向
顶板	1793.8	1952.9	1886.0	1886.1
中板一	284.9	299.4	300.9	300.9
中板二	291.2	297.2	295.8	295.7
底板	2412.6	2602.5	2530.7	2530.5
侧墙	1883.2	1886.3	1971.3	1971.7

表 6-10 C 区框架结构不同工况下构件弯矩　　（单位：kN·m）

构件	工况（输入地震动方向）			
	横向	纵向	横向+竖向	纵向+竖向
顶板	2297.3	2428.1	2382.1	2482.0
中板一	349.5	367.7	382.5	382.4
中板二	373.8	379.6	406.6	416.4
底板	3585.7	3681.5	3830.1	3829.1
侧墙	3653.1	3810.6	4003.5	4002.7

在顶管的局部坐标系中，沿图 6-7 中 2 轴方向的水平力表现了顶管与框架结构的端墙之间的拉压；沿 1 轴方向的环向力表示顶管与端墙之间的剪切作用；而绕 2 轴方向的弯矩则代表此处的面内弯矩；这三个力可分别简记为轴

力、剪力、弯矩。在联络通道的局部坐标系中，沿 1 轴方向的拉压是使联络通道与两边顶管有脱开趋势的力；沿 2 轴方向的剪力是使联络通道与顶管之间产生相互错动的力；绕 1 轴的弯矩是其面内弯矩；也可分别简记为轴力、剪力、弯矩。

表 6-11 和表 6-12 是断面 A 和断面 C 中的三根顶管在横向地震动作用下以及加上竖向地震动作用之后的内力最大值。当有竖向地震动作用时，顶管横断面的轴力和弯矩明显增大，尤其是截面轴力，几乎都变成了原来的两倍以上；可见竖向地震动的影响是不可忽视的。剪力最大值的变化幅度则更小一些，都小于 15%。

表 6-11　断面 A 各顶管内力最大值（工况一与工况三）

顶管编号	轴力/kN		剪力/kN		弯矩/(kN·m)	
	横向	横向+竖向	横向	横向+竖向	横向	横向+竖向
顶管Ⅰ	2195.6	5003.1	329.2	305.8	204.6	262.6
顶管Ⅱ	1978.8	5344.4	277.7	262.2	188.5	217.8
顶管Ⅲ	4355.0	8351.7	428.9	480.2	177.4	366.5

表 6-12　断面 C 各顶管内力最大值（工况一与工况三）

顶管编号	轴力/kN		剪力/kN		弯矩/(kN·m)	
	横向	横向+竖向	横向	横向+竖向	横向	横向+竖向
顶管Ⅰ	1683.5	5170.8	255.2	252.2	160.3	216.1
顶管Ⅱ	1681.9	5812.5	219.8	209.9	177.4	210.3
顶管Ⅲ	3638.6	8016.2	393.5	450.8	172.3	346.5

表 6-13 和表 6-14 是断面 A 和断面 C 各顶管内力值在另外两个工况中的最大值。数据表明，在纵向地震动作用的基础上再增加沿竖向输入的地震动时，截面轴力、剪力和弯矩最大值都有着不同程度的提高。

表 6-13　断面 A 各顶管内力最大值（工况二与工况四）

顶管编号	轴力/kN		剪力/kN		弯矩/(kN·m)	
	纵向	纵向+竖向	纵向	纵向+竖向	纵向	纵向+竖向
顶管Ⅰ	3759.7	5003.5	200.5	218.6	208.9	262.9
顶管Ⅱ	4126.1	5343.5	224.6	231.4	195.9	217.8
顶管Ⅲ	5736.1	8351.6	320.2	479.9	274.7	366.5

表 6-14　断面 C 各顶管内力最大值（工况二与工况四）

顶管编号	轴力/kN		剪力/kN		弯矩/(kN·m)	
	纵向	纵向+竖向	纵向	纵向+竖向	纵向	纵向+竖向
顶管 I	3588.5	5170.7	184.8	198.4	183.7	216.0
顶管 II	4179.5	5813.3	177.1	182.0	182.9	210.0
顶管 III	5670.3	8015.0	284.8	450.6	270.6	346.6

如图 6-14 所示，联络通道断面 I 内力最大值在不同工况下沿顶管纵向变化情况示意图。可以很直观地看出，对截面轴力与面内弯矩来说，同一种工况下，中间两个联络通道的连接处断面内力值明显高于两边的，并且在仅有一个方向输入地震动时，中间与两边断面的内力差异相比于双向输入地震动的工况要小，尤其是轴力，在双向地震动作用时，中间可比两边高出 80% 以上。此外，横向地震动的作用比纵向更明显。在输入竖向地震动之后，其内力峰值都有一定的增大，尤其是纵向地震动叠加竖向地震动后，内力值可增大到原来的 2 倍。截面剪力也是在仅有纵向地震动输入时峰值最小，仅有横向地震动输入时略有增大；而双向地震动共同作用时，剪力峰值最大。

6.3.3　结构的位移响应

车站结构在地震动作用下的位移响应主要是两端框架各层的层间位移。表 6-15 和表 6-16 分别是 A 区和 C 区框架结构在不同工况下各层最大层间位移及层间位移角。从表中数据可以看出，结构的最大层间位移主要是水平横向输入的地震动在起控制作用，只有水平纵向地震动输入时，两端各层的层间位移都很小，几乎都不足 1mm，基本上可以忽略；若再加上竖向地震动的作用，会一定程度上增大其层间位移，但是相比横向工况其值还是比较小的，因此，从整体上看，结构的层间位移主要受水平横向地震动控制。

表 6-15　A 区框架结构在不同工况下各层最大层间位移及层间位移角

位置	横向		纵向		横向+竖向		纵向+竖向	
	最大层间位移/mm	层间位移角	最大层间位移/mm	层间位移角	最大层间位移/mm	层间位移角	最大层间位移/mm	层间位移角
上层	3.94	1/1388	0.55	1/9945	3.53	1/1550	0.76	1/7197
中层	6.42	1/970	0.89	1/7000	5.56	1/1121	1.32	1/4720
下层	7.52	1/1338	0.99	1/10162	6.24	1/1613	1.45	1/6938

第 6 章　矩形顶管法车站结构抗震安全性研究

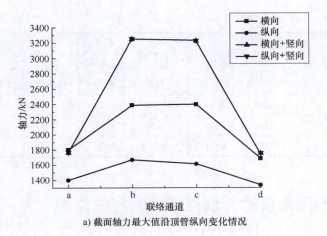

a) 截面轴力最大值沿顶管纵向变化情况

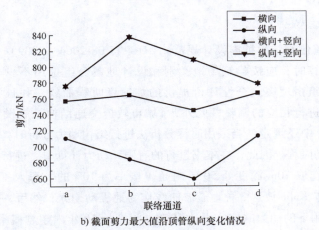

b) 截面剪力最大值沿顶管纵向变化情况

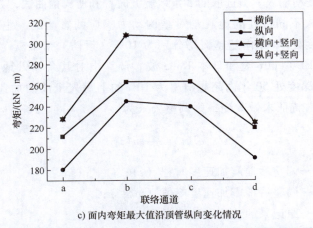

c) 面内弯矩最大值沿顶管纵向变化情况

图 6-14　联络通道断面 I 内力最大值在不同工况下沿顶管纵向变化情况示意图

表 6-16　C 区框架结构在不同工况下各层最大层间位移及层间位移角

位置	横向		纵向		横向+竖向		纵向+竖向	
	最大层间位移/mm	层间位移角	最大层间位移/mm	层间位移角	最大层间位移/mm	层间位移角	最大层间位移/mm	层间位移角
上层	1.52	1/3599	0.49	1/11163	1.62	1/3377	0.55	1/9945
中层	2.51	1/2482	1.00	1/6230	2.51	1/2482	1.25	1/4984
下层	4.33	1/2323	0.94	1/10702	4.72	1/2131	1.18	1/8525

6.4　不同地震动特性对结构响应的影响

6.4.1　地震动选取

《地下铁道建筑结构抗震设计规范》（DG/TJ 08-2064—2009）中规定，采用时程分析法计算时，应按建筑场地类别和设计地震分组选用不少于两组的实际强震记录和一组由地震安全性评价提供的加速度时程曲线，并且实际强震记录的加速度幅值进行相应的调整；此外，《城市轨道交通结构抗震设计规范》（GB 50909—2014）中还规定，当采用时程分析法进行结构动力分析时，应采用不少于 3 组设计地震动时程。因此，在本书进行的有限元动力计算中，进行结构弹性抗震验算时，分别选取 70m 深度处 50 年内超越概率为 10% 的上海人工波、美国 EL-Centro 波和日本 Kobe 波这 3 种地震波曲线作为地震动输入；然后，为了研究结构在罕遇地震作用下的动力响应，再选取 70m 深度处 50 年内超越概率为 3% 的上海人工波作为地震动输入。新选取的 3 条地震波时程和傅氏谱曲线，如图 6-15 所示。

在研究输入不同特性的地震动对结构动力响应的影响时，主要选取的地震波为：70m 深度处 50 年内超越概率分别为 10%（设防）和 3%（罕遇）的上海人工波、美国 EL-Centro 波和日本 Kobe 波。计算中对其余输入地震动的加速度时程按照 70m 深度处 50 年内超越概率为 10% 的上海人工波的加速度幅值 $0.07g$ 进行调整，频谱特征未做改变，则调整公式为

$$a'(t) = \frac{a'_{max}}{a_{max}} a(t) \tag{6-1}$$

式中　$a'(t)$——调整后地震加速度时程（s）；

　　　a'_{max}——调整后地震加速度峰值（m/s²）；

　　　$a(t)$——原记录的地震加速度时程（s）；

　　　a_{max}——原记录的地震加速度峰值（m/s²）。

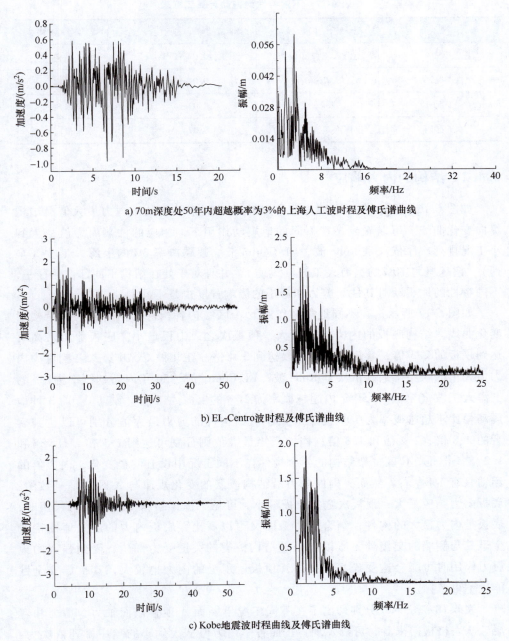

图 6-15 动力计算中选取的 3 条地震波时程及傅氏谱曲线

地震动输入方向均为横向水平输入计算工况,见表 6-17。

表 6-17　不同特性地震动计算工况表

工况编号	输入地震动	地震动峰值加速度	地震动输入方向
工况一	上海人工波（设防）	0.07g	水平横向
工况二	EL-Centro 波	0.07g	水平横向
工况三	Kobe 波	0.07g	水平横向
工况四	上海人工波（罕遇）	0.07g	水平横向

6.4.2　结构的内力响应

如图 6-16 所示，在不同地震动作用下 A 区框架结构柱端内力最大值沿结构纵向变化曲线。可以看到，在不同的地震动作用下，相应的柱端内力值从大到小工况排列次序依次是 Kobe 波、EL-Centro 波、超越概率 3% 的上海人工波（罕遇）、超越概率 10% 的上海人工波（设防），并且对于处在结构不同部位的柱子，不同特性的地震动对其柱端剪力和弯矩的影响程度也是不同的。

如图 6-17 所示，在不同地震动作用下 A 区结构各构件的内力最大值沿楼层变化曲线。结构底板的内力响应最大，顶板次之，中板最小。底板剪力最高可达到顶板的 2.3 倍，弯矩最高则可以达到 3.4 倍。在几种工况中，按各构件中内力值大小的顺序排列，依次是 Kobe 波、EL-Centro 波、50 年内超越概率为 3% 的上海人工波（罕遇）、50 年内超越概率为 10% 的上海人工波（设防）。前 3 种地震动相比于超越概率为 10% 的上海人工波，构件的剪力最大值分别可以达到后者的 2.8 倍、2.2 倍和 1.3 倍；构件弯矩最大值则分别可达 2.1 倍、1.5 倍和 1.2 倍。但是，C 区框架结构的各个构件在不同工况中没有明显变化，内力值的浮动只有 1% 左右。然而，构件内力沿结构楼层的变化规律与 A 区的是一致的：底板内力响应最大，顶板次之，中板最小。可见，框架结构受到地震力作用时，底板是内力最大的构件；结合应力云图又可以看出，底板内力的最大值往往产生于其与侧墙的交接处，所以此处是结构抗震的关键受力部位，受到强大的地震力作用时可能会遭受破坏。另外，顶板所承受的内力也较大，其抗震安全性能也不可忽视。

表 6-18～表 6-20 分别列出了在不同工况下断面 A 顶管截面轴力、剪力和弯矩。从表格横向来看，可以发现，按照各个内力值从大到小的顺序排列依次为：Kobe 波、EL-Centro 波、50 年内超越概率为 3% 的上海人工波（罕遇）、50 年内超越概率为 10% 的上海人工波（设防）。从表格竖向来看，站台层的两根大顶管中，顶管 I 的内力值均大于顶管 II 的，差异最大时顶管 I 甚至可以比顶管 II 高

第 6 章　矩形顶管法车站结构抗震安全性研究

出近 40%，最低时则只高出了 2.3%，其余的都在 9%~19% 的范围内。而顶管Ⅲ的截面轴力和弯矩则比两根大顶管大得多，即使相比于内力较大的顶管Ⅰ，顶管Ⅲ的轴力和剪力最大值也分别可达到它的 1.9 倍和 1.3 倍，最小也分别是它的 1.6 倍和 1.2 倍；弯矩的变化相对小一点，都在 ±20% 的范围内波动。断面 C 中顶管截面内力响应的变化规律与断面 A 类似。

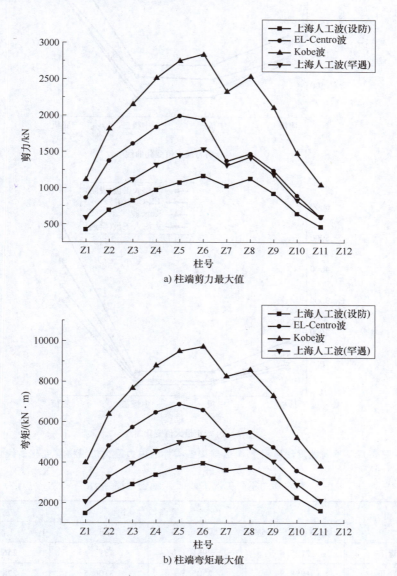

图 6-16　不同地震动作用下 A 区框架结构柱端内力最大值沿纵向变化曲线

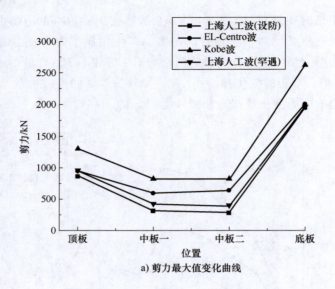

a) 剪力最大值变化曲线

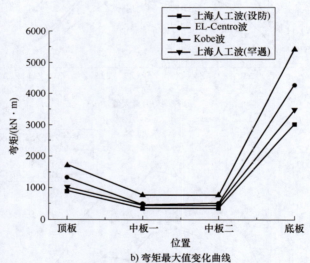

b) 弯矩最大值变化曲线

图 6-17 不同地震动作用下 A 区结构各构件的内力最大值沿楼层变化曲线

表 6-18 不同工况下断面 A 顶管截面轴力

顶管编号	截面轴力/kN			
	上海人工波（设防）	EL-Centro 波	Kobe 波	上海人工波（罕遇）
顶管 Ⅰ	2195.6	2981.1	4317.8	2566.3
顶管 Ⅱ	1978.8	2505.5	3106.5	2281.0
顶管 Ⅲ	4255.0	4573.5	4987.5	4338.9

第 6 章　矩形顶管法车站结构抗震安全性研究

表 6-19　不同工况下断面 A 顶管截面剪力

顶管编号	截面剪力/kN			
	上海人工波（设防）	EL-Centro 波	Kobe 波	上海人工波（罕遇）
顶管 Ⅰ	329.2	443.7	605.7	394.4
顶管 Ⅱ	277.7	433.7	530.1	352.8
顶管 Ⅲ	428.9	531.9	777.2	505.9

表 6-20　不同工况下断面 A 顶管截面弯矩

顶管编号	截面弯矩/(kN·m)			
	上海人工波（设防）	EL-Centro 波	Kobe 波	上海人工波（罕遇）
顶管 Ⅰ	204.6	322.9	413.9	264.9
顶管 Ⅱ	188.5	282.1	405.1	236.1
顶管 Ⅲ	177.4	256.0	374.9	195.1

如图 6-18 所示，不同工况下断面 Ⅰ 内力最大值沿顶管纵向变化曲线。随着输入地震动的变化，从 50 年内超越概率为 10% 的上海人工波（设防），到 50 年内超越概率为 3% 的上海人工波（罕遇），再到 EL-Centro 波、Kobe 波的过程中，截面的内力最大值在逐渐增大，且两边联络通道断面处内力增幅都显著高于中间的两个联络通道断面，随着输入地震动的变化，两边的联络通道断面和中间断面的内力大小差异在不断缩小。而不同断面之间的剪力差异反而会进一步增大，使得剪力沿纵向变化得更加剧烈：在超越概率 10% 的上海人工波作用下，其最大值仅比最小值大了 21.5kN·m，相差不到 3%；而在 Kobe 波作用下，最大值与最小值差值达到了 254kN·m，相差增大了近 12 倍，最大值达到了最小值的 1.3 倍。因此，两边联络通道断面的轴力、剪力和弯矩响应会同时处于较高水平，对其抗震安全性十分不利，应采取适当的加固措施。

6.4.3　结构的位移响应

表 6-21 和表 6-22 分别列出了 A 区和 C 区框架结构在不同工况下各层最大层间位移及层间位移角。两个区域中的层间位移都在随着楼层向下而增大，并且按照 50 年内超越概率为 10% 的上海人工波（设防）、50 年内超越概率为 3% 的上海人工波（罕遇）、EL-Centro 波、Kobe 波这几个工况的顺序逐渐增大。所有工况中，A 区的上层和中层在 Kobe 波作用下产生的层间位移角最大，基本上达到了规范所规定的 1/550 的限值。

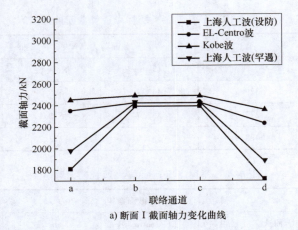

a) 断面Ⅰ截面轴力变化曲线

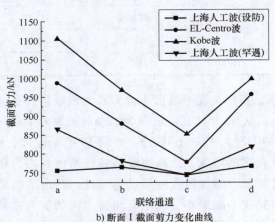

b) 断面Ⅰ截面剪力变化曲线

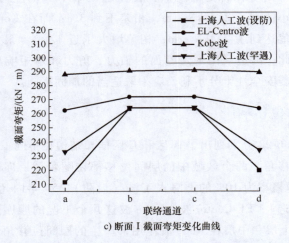

c) 断面Ⅰ截面弯矩变化曲线

图 6-18 不同工况下联络通道断面Ⅰ内力最大值沿顶管纵向变化曲线

第 6 章 矩形顶管法车站结构抗震安全性研究

表 6-21 A 区框架结构在不同工况下各层最大层间位移及层间位移角

位置	上海人工波（设防）		EL-Centro 波		Kobe 波		上海人工波（罕遇）	
	最大层间位移/mm	层间位移角	最大层间位移/mm	层间位移角	最大层间位移/mm	层间位移角	最大层间位移/mm	层间位移角
上层	3.94	1/1388	7.00	1/781	9.92	1/551	5.36	1/1021
中层	6.42	1/970	9.28	1/671	11.32	1/550	8.54	1/730
下层	7.52	1/1338	14.24	1/706	17.28	1/582	10.06	1/1000

表 6-22 C 区框架结构在不同工况下各层最大层间位移及层间位移角

位置	上海人工波（设防）		EL-Centro 波		Kobe 波		上海人工波（罕遇）	
	最大层间位移/mm	层间位移角	最大层间位移/mm	层间位移角	最大层间位移/mm	层间位移角	最大层间位移/mm	层间位移角
上层	1.52	1/3599	3.09	1/1770	4.22	1/1296	2.31	1/2368
中层	2.51	1/2482	4.89	1/1274	6.63	1/940	3.75	1/1661
下层	4.33	1/2323	8.56	1/1175	11.90	1/845	6.14	1/1638

结构顶管段的三根顶管的横截面形状都是类矩形，可以采用每个截面的上、下部位的横向相对位移及其相对顶管高度的"位移角"来衡量顶管在横向地震动的作用下产生的横向剪切变形。

表 6-23 和表 6-24 分别给出了断面 A 和断面 C 顶管截面不同工况下最大横向剪切位移以及位移角。各个顶管在 Kobe 波作用下产生的剪切变形最大，其次是 EL-Centro 波，然后是超越概率为 3% 的上海人工波（罕遇），最小的是超越概率 10% 的上海人工波（设防）。在断面 A 处，相同工况下顶管Ⅰ的剪切位移更大；在断面 C 处则相反。而站厅层顶管Ⅲ的位移值和位移角均远远小于站台层顶管，也远小于相关规范所规定的限值，在各个工况下都是安全的。最大的剪切位移和位移角在断面 A 中站台层的顶管Ⅰ处产生，受到 Kobe 波作用时，二者分别达到了 10.59mm 和 1/563，这个位移角也很接近 1/550 的限值，可能在强大地震力的作用下产生过大变形而导致结构破坏，应当加强抗震安全设计。

表 6-23 断面 A 顶管截面不同工况下最大横向剪切位移及位移角

顶管编号	上海人工波（设防）		EL-Centro 波		Kobe 波		上海人工波（罕遇）	
	最大横向剪切位移/mm	最大位移角	最大横向剪切位移/mm	最大位移角	最大横向剪切位移/mm	最大位移角	最大横向剪切位移/mm	最大位移角
顶管Ⅰ	4.46	1/1338	7.32	1/815	10.59	1/563	5.98	1/998
顶管Ⅱ	3.94	1/1514	7.28	1/819	9.86	1/605	5.48	1/1089
顶管Ⅲ	1.81	1/2054	3.25	1/1144	4.01	1/927	2.50	1/1487

表 6-24　断面 C 顶管截面不同工况下最大横向剪切位移及位移角

顶管编号	上海人工波（设防）		EL-Centro 波		Kobe 波		上海人工波（罕遇）	
	最大横向剪切位移/mm	最大位移角	最大横向剪切位移/mm	最大位移角	最大横向剪切位移/mm	最大位移角	最大横向剪切位移/mm	最大位移角
顶管 Ⅰ	2.99	1/1995	6.41	1/931	8.01	1/745	4.40	1/1356
顶管 Ⅱ	3.10	1/1924	6.63	1/900	8.05	1/741	4.48	1/1332
顶管 Ⅲ	1.25	1/2974	2.45	1/1517	3.28	1/1133	1.77	1/2100

6.5　不同连接方式对结构响应的影响

6.5.1　柔性连接模型

如图 6-19 所示，顶管与框架的柔性连接。在前文所建立的模型中，二者之间是沿着整个顶管横截面的轮廓线将其与框架结构端墙上对应位置处的洞口边缘绑定连接，是一种线对线的连接；在柔性连接模型中，则是在断面上选取一些节点，建立点对点的连接。为了方便探讨，这种降低了顶管与两端框架之间的连接刚度的模型在后面的研究中可相对于"刚性连接模型"简称为"柔性连接模型"。

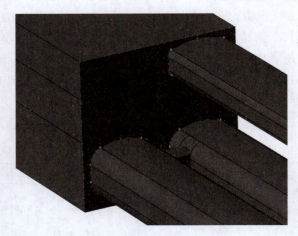

图 6-19　顶管与框架的柔性连接

为了便于对比柔性连接方式中结构动力响应的变化，在柔性连接模型的计算中，同样沿模型底部横向输入 50 年内超越概率为 10% 的上海人工波，峰值加速度 $0.07g$，持续时间为 $20.47s$。

1. 结构的加速度响应

如图 6-20 所示，两种不同连接方式下车站结构沿地震动输入方向的最大加速度响应云图。可以明显看出，柔性连接模型中结构的加速度响应最大值略有减小；尤其是两端的框架结构中，不同构件和不同部位的加速度大小差异较小，整体响应趋向于均匀分布的状态，顶管结构也是如此。

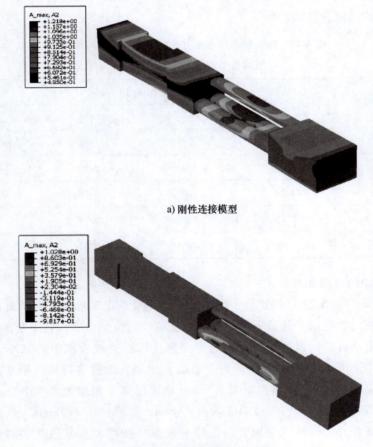

a) 刚性连接模型

b) 柔性连接模型

图 6-20 两种不同连接方式下车站结构沿地震动输入方向的最大加速度响应云图（单位：m/s^2）

表 6-25 给出了在两种不同连接方式的模型中车站两端框架结构各个构件最

大加速度响应。可以发现，在柔性连接模型中，A区框架结构中各个构件的加速度响应均有一定的减小；其中，顶板、中板一和底板的减小幅度比较小，都在5%以下，而中板二的降幅则达到了22%。C区框架结构的加速度响应除顶板外却都略有增大，但是增幅都较小，均在1.5%以内。所以，对比A区和C区的加速度响应，二者同一构件响应值的差距也在缩小，这一点从云图中也可以看出。并且，对于车站整体结构来说，刚性连接模型中，加速度最大部位的响应值为1.55m/s^2，而在柔性连接模型中，该响应值为1.48m/s^2。综上，总体上来看，柔性接头模型可以一定程度上减小车站结构的最大加速度响应，并减少结构构件不均匀加速度的产生。

表6-25 在两种不同连接方式的模型中车站两端框架结构各个构件最大加速度响应

构件	最大加速度响应/(m/s^2)			
	A区框架结构		C区框架结构	
	刚性连接模型	柔性连接模型	刚性连接模型	柔性连接模型
顶板	1.55	1.48	0.90	0.90
中板一	1.04	1.00	0.79	0.80
中板二	0.86	0.67	0.70	0.71
底板	1.00	0.98	0.72	0.73

2. 结构的位移响应

表6-26和表6-27分别显示了在两种不同连接方式下断面A和断面C处各个顶管最大横向剪切位移及最大位移角。从位移的响应值来看，对于断面A，柔性连接模型中站台层两根顶管的位移响应分别比刚性连接模型中的减小了15%和5%；站厅层顶管则增长了36%。对于断面C来说，柔性连接模型中站台层顶管的位移响应分别减小了2%和增大了6%；站厅层顶管则增大了76%。但是，两个断面中顶管的最大剪切位移响应则由4.46mm降低到了3.78mm。从最大位移角这方面来看，虽然站厅层顶管的位移响应值有所增大，但是产生的位移角仍然都小于1/1500，当然也远远没有达到规范中规定的限值，都在安全范围以内。同时，比较同一根顶管在两个不同断面处的最大剪切位移响应，断面C处的响应值都要小于断面A处，但是在采用柔性连接方式的模型中，同一根顶管两端响应的差异明显在缩小。可见，采用柔性连接时，还可以有效地缩小顶管两端的横向剪切位移响应差距，减少其不均匀变形。

表 6-26　不同连接方式下中断面 A 处各个顶管最大横向剪切位移及最大位移角

顶管编号	刚性连接模型		柔性连接模型	
	最大横向剪切位移/mm	最大位移角	最大横向剪切位移/mm	最大位移角
顶管 I	4.46	1/1338	3.78	1/1578
顶管 II	3.94	1/1514	3.76	1/1587
顶管 III	1.81	1/2054	2.47	1/1505

表 6-27　不同连接方式下中断面 C 处各个顶管最大横向剪切位移及最大位移角

顶管编号	刚性连接模型		柔性连接模型	
	最大横向剪切位移/mm	最大位移角	最大横向剪切位移/mm	最大位移角
顶管 I	2.99	1/1995	2.94	1/2029
顶管 II	3.1	1/1924	3.29	1/1813
顶管 III	1.25	1/2974	2.20	1/1690

3. 结构的内力响应

对于顶管段与两端框架结构连接处的断面 A 和断面 C,如图 6-21 所示,两种模型中各个顶管截面内力响应柱状图。环向轴力(沿 1 轴方向的轴力)、纵向轴力(沿 2 轴方向的轴力)、环向剪力(沿 1 轴方向的剪力)、纵向剪力(沿 2 轴方向的剪力)、横向弯矩(绕 2 轴方向的弯矩)和纵向弯矩(绕 1 轴方向的弯矩)。从图中可以看出,在采用柔性连接方式之后,两个断面处顶管内力的大小变化规律都是一致的,各个截面内力要么都表现出增大,要么都表现出减小。在这几个内力中,环向和纵向轴力、纵向剪力和纵向弯矩都在急剧减小,其中,纵向轴力的降幅最大,两个断面中站台层顶管的响应分别减小了 83% 和 74%,站厅层顶管也分别减小了 84% 和 83%。其次,纵向弯矩的降幅也很大,达到了 69%~78%。这表明,顶管和两端框架之间的轴力和弯矩得到了很大程度的缓解。对于环向轴力和纵向剪力,在柔性连接模型中,站台层顶管的响应减小得更多,环向轴力在两个断面处分别降低了 63% 和 65%,纵向剪力则分别降低了 70% 和 73%~76%。站厅层顶管的降幅略小,环向轴力减少了 48%,纵向剪力分别减少了 38% 和 44%。这说明,采用柔性连接方式也可以有效降低顶管结构自身的轴力响应和剪力响应。此外,虽然在柔性连接模型中,顶管断面的环向剪力和横向弯矩也有所提高,但是,在顶管结构面内的剪力合力(即在 1 轴和 2 轴平面内的剪力)却是在大幅度减小的(见图 6-22)。其中,站台层顶管的减小幅度更大一些,在断面 A 和断面 C 处分别减少了 52%~55% 和 61%~65%;站厅层顶管则分别减少了39%和40%。同时，通过计算也可以发现，结构单元在横向弯矩和纵向弯矩共同作用下产生的最大正应力也在减小。因此，总体上来说，这两个断面处顶管内力的变化可以说明，采用柔性连接能够改善顶管与两端框架结构连接处的受力情况。

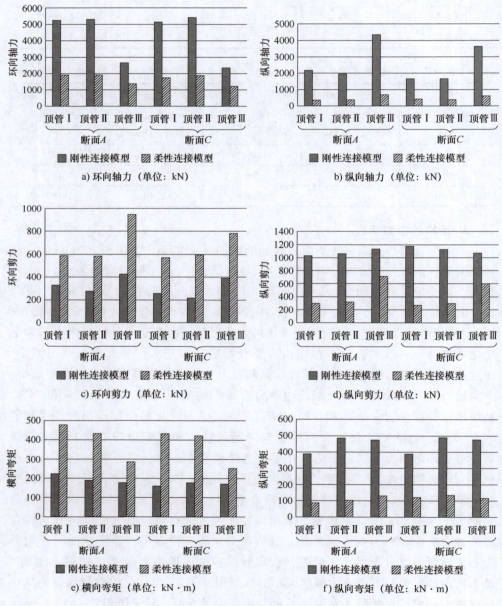

图 6-21 两种模型中各个顶管截面内力响应柱状图

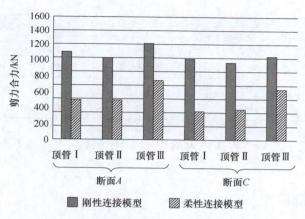

图 6-22　两种模型中顶管断面剪力合力柱状图

表 6-28 和表 6-29 分别给出了在两种模型中 A 区和 C 区框架结构中的各个构件内力响应。相比与顶管结构，两端框架结构的内力响应变化没有那么明显。其中，A 区除了底板之外，其余构件的剪力和弯矩都略有增长，主要是中板的响应在增大，但是增幅都在 2% 以内，顶板和侧墙的增幅都在 1% 以内。C 区构件的响应则有所下降，且幅度更小，都在 0.5% 以下。但是总体来看，柔性连接模型中两端框架结构的最大内力响应在数值上仍然还是有微弱的减小。

表 6-28　两种模型中 A 区框架结构各个构件内力响应

A 区构件	刚性连接模型		柔性连接模型	
	剪力/kN	弯矩/(kN·m)	剪力/kN	弯矩/(kN·m)
顶板	873.3	891.8	878.0	898.0
中板一	320.8	358.2	325.7	362.1
中板二	291.3	359.5	296.8	363.6
底板	1965.3	3021.7	1806.0	3013.6
侧墙	1697.6	3035.3	1699.2	3048.9

表 6-29　两种模型中 C 区框架结构各个构件内力响应

C 区构件	刚性连接模型		柔性连接模型	
	剪力/kN	弯矩/(kN·m)	剪力/kN	弯矩/(kN·m)
顶板	1793.8	2297.3	1787.6	2286.2
中板一	284.9	349.5	283.6	348.5

（续）

C 区构件	刚性连接模型		柔性连接模型	
	剪力/kN	弯矩/(kN·m)	剪力/kN	弯矩/(kN·m)
中板二	291.2	373.8	290.6	372.8
底板	2412.6	3585.7	2408.9	3575.0
侧墙	1883.2	3653.1	1881.1	3635.8

所以，相比于车站结构的内力响应，柔性连接方式对顶管与两端框架的连接处的受力改善更大。

6.5.2 变形缝模型

在实际工程中，为了防止结构在外部受力和内部因素作用下产生过大的内力或变形而导致结构破坏，常常会在某些部位设置变形缝，将结构断开以改善结构的受力。

对于静安寺车站这一特殊结构，可以在存在刚度突变的顶管与两端框架结构的连接处断开，以模拟实际中的变形缝。这一模型可称为"变形缝模型"。计算时沿车站结构横向输入 50 年内超越概率为 10% 的上海人工波，峰值加速度 $0.07g$，持续时间 20.47s。

1. 结构的加速度响应

如图 6-23 所示，刚性连接模型和变形缝模型中顶管结构在地震动作用下的最大加速度响应分布云图。从图中可以看到，变形缝模型中顶管的最大加速度相比于刚接模型有所减小；同时，在刚接模型中，三根顶管皆在中间部分产生了较大的加速度响应，而变形缝模型中，加速度沿顶管纵向的分布比较均匀，相应地，顶管端部的两个横断面加速度响应也比较接近。

如图 6-24 所示，在两种模型中顶管段最大加速度沿纵面向各截面分布图。相比于刚性连接模型，变形缝模型加速度曲线的起伏变化更趋于平缓。一方面，中间两个断面的加速度响应有显著减小，尤其是站厅层，降低了 20% 左右。而两端两个断面的响应却略有增长，这样就有效降低了顶管纵向的加速度变化幅度。最终在刚性连接模型中，站台层顶管加速度的最大值接近最小值的 1.6 倍，而变形缝模型中只有不到 1.3 倍；站厅层顶管则相应地由 1.7 倍缩小到 1.2 倍。另一方面，站台层顶管和站厅层顶管之间的响应差异也在缩小；在联络通道 c 所在断面处，刚性连接模型中站厅层顶管的响应比站台层响应高出 31%，而变形缝模型中同一断面处的这种差异只有不到 13%。当在顶管与两端框架结构之间设置变形缝时，可以一定程度上减小顶管结构沿地震动输入方向的加速度响

第 6 章　矩形顶管法车站结构抗震安全性研究

应峰值，并且使得加速度响应沿顶管长度方向的分布以及在不同类型顶管之间的分布更加均匀。

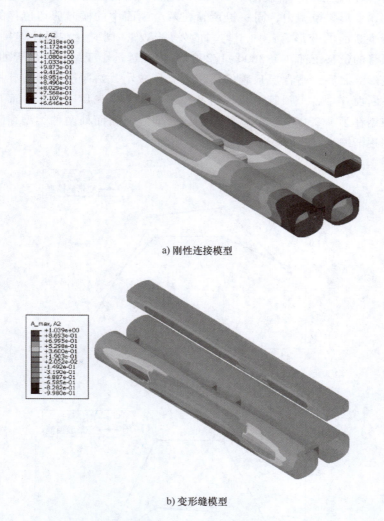

a) 刚性连接模型

b) 变形缝模型

图 6-23　顶管结构在地震动作用下的最大加速度响应分布云图（单位：m/s^2）

2. 结构的位移响应

表 6-30 和表 6-31 分别是两种模型中断面 A 和断面 C 顶管结构的最大横向剪切位移及位移角。在变形缝模型中，两个断面的顶管 Ⅰ 和顶管 Ⅱ 的横向剪切位移相比于刚性连接模型都有一定程度的减小；断面 A 中分别减小了 15% 和 5%，断面 C 中分别减小了 9% 和 4%；而顶管 Ⅲ 的剪切变形均比刚性连接模型中增大

了约32%。但是，从层间位移角来看，变形缝模型中各个顶管的最大位移角都在1/1500以内，远远小于规范中1/550的限值，结构仍然是十分安全的。此外，可以看到，变形缝模型中，同一根顶管在两个断面中的横向剪切位移的差距在缩小，两个断面的变形有趋向于均匀的发展趋势。同时，在刚性连接模型中，站厅层顶管的位移角都在1/3000~1/2000以内，远远小于站台层顶管的位移角；而设置变形缝之后，站台层顶管的位移角有所减小，站厅层顶管却有一定的增大，最终断面A中各个顶管的位移角都控制在1/1600~1/1500，断面C中的位移角都控制在了1/2300~1/2000的范围内，即同一断面处两种类型顶管的位移角差异在逐渐缩小，顶管变形程度趋向于均匀。

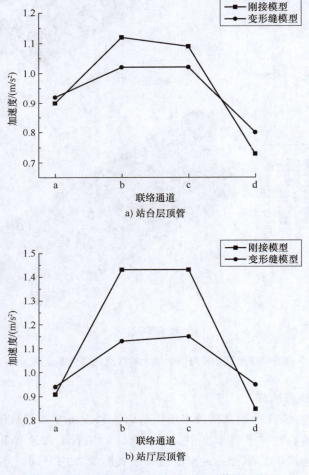

图 6-24 顶管段最大加速度沿纵向各截面分布图

第6章 矩形顶管法车站结构抗震安全性研究

表 6-30 两种模型中断面 A 顶管结构的最大横向剪切位移及位移角

顶管编号	刚性连接模型		变形缝模型	
	最大横向剪切位移/mm	最大位移角	最大横向剪切位移/mm	最大位移角
顶管 Ⅰ	4.46	1/1338	3.81	1/1566
顶管 Ⅱ	3.94	1/1514	3.74	1/1595
顶管 Ⅲ	1.81	1/2054	2.38	1/1562

表 6-31 两种模型中断面 C 顶管结构的最大横向剪切位移及位移角

顶管编号	刚性连接模型		变形缝模型	
	最大横向剪切位移/mm	最大位移角	最大横向剪切位移/mm	最大位移角
顶管 Ⅰ	2.99	1/1995	2.71	1/2201
顶管 Ⅱ	3.10	1/1924	2.98	1/2002
顶管 Ⅲ	1.25	1/2974	1.66	1/2239

3. 结构的内力响应

表 6-32~表 6-34 分别是在两种模型中断面 A 与断面 C 处顶管轴力、剪力和弯矩对比。可以看出，变形缝模型中，顶管的环向与纵向轴力、纵向剪力以及纵向弯矩相比刚性连接模型均有大幅度的降低。其中，降低幅度最小的环向轴力中站台层顶管与站厅层顶管分别减小了 72% 和 60% 左右；其余内力基本上都减小了 90% 以上，并且站厅层顶管相比站台层顶管而言降低的幅度要更大一些，变化最大的是断面 A 处顶管Ⅲ的纵向轴力，在变形缝模型中只为 43.1kN，仅为刚性模型中的 1%。这表明，在结构中添加变形缝之后，能够有效降低顶管与两端框架结构连接处的大部分截面内力，提高结构的安全性能。

表 6-32 两种模型中断面 A 与断面 C 处顶管轴力对比

断面	顶管编号	环向轴力/kN		纵向轴力/kN	
		刚性连接模型	变形缝模型	刚性连接模型	变形缝模型
断面 A	顶管 Ⅰ	5238.9	1473.6	2195.6	164.1
	顶管 Ⅱ	5313.0	1455.9	1978.8	185.3
	顶管 Ⅲ	2672.3	1075.5	4355.0	43.1
断面 C	顶管 Ⅰ	5215.1	1513.3	1683.5	170.5
	顶管 Ⅱ	5416.2	1513.9	1681.9	190.9
	顶管 Ⅲ	2362.5	919.5	3638.6	43.5

表 6-33 两种模型中断面 A 与断面 C 处顶管剪力对比

断面	顶管编号	环向剪力/kN		纵向剪力/kN	
		刚性连接模型	变形缝模型	刚性连接模型	变形缝模型
断面 A	顶管 I	329.2	415.3	1028.7	63.4
	顶管 II	277.7	379.0	1058.8	69.8
	顶管 III	428.9	482.5	1132.0	54.2
断面 C	顶管 I	255.2	384.3	1173.3	56.7
	顶管 II	219.8	380.0	1123.8	63.9
	顶管 III	393.5	401.0	1067.9	51.0

表 6-34 两种模型中断面 A 与断面 C 处顶管弯矩对比

断面	顶管编号	横向弯矩/(kN·m)		纵向弯矩/(kN·m)	
		刚性连接模型	变形缝模型	刚性连接模型	变形缝模型
断面 A	顶管 I	224.6	434.3	392.5	35.4
	顶管 II	188.5	399.9	489.1	35.3
	顶管 III	177.4	421.8	478.9	32.8
断面 C	顶管 I	160.3	390.6	392.1	36.4
	顶管 II	177.4	377.9	491.8	36.7
	顶管 III	172.3	369.6	480.6	29.2

对于四个联络通道与两侧顶管的连接处断面，对比的内力响应为：纵向轴力（沿 1 轴方向的轴力）、环向轴力（沿 2 轴方向的轴力）、纵向剪力（沿 1 轴方向的剪力）、环向剪力（沿 2 轴方向的剪力）、纵向弯矩（绕 2 轴方向的弯矩）和横向弯矩（绕 1 轴方向的弯矩）。

如图 6-25 所示，两种联络通道与顶管连接处断面各最大内力值对比。很显然，四个联络通道与顶管连接处断面的内力值在两种结构连接形式中的变化不如断面 A 和断面 C 那么明显，大部分内力值的浮动都不大。对于两个方向的轴力和剪力来说，两边的联络通道与顶管的连接处断面在变形缝的影响下内力会有所减小，最多可减小 15%，最少仅有 1.4%；中间两个联络通道的连接断面相应内力值会略有增大，但是增大的幅度更小，都在 3% 以内，最小的甚至不足 0.1%，几乎可以忽略它的变化。对两个作用平面内的弯矩来说，增加变形缝之后会令纵向弯矩稍有减小，横向弯矩则略有增大，同样变化幅度都较小，变化量最大也不会超过 10%。可见，仅在顶管与两端车站的连接处将结构断开的做法对几个联络通道的内力响应影响都不大。

第6章 矩形顶管法车站结构抗震安全性研究

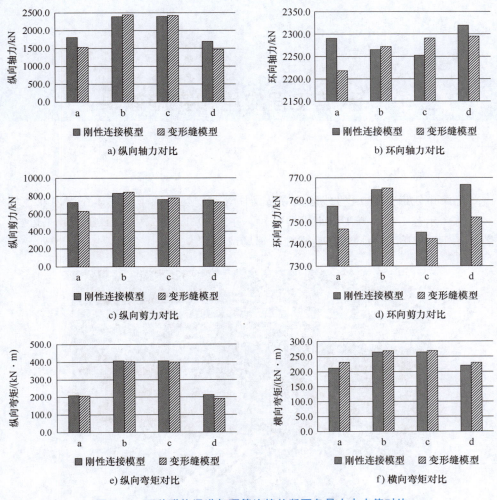

图 6-25 两种联络通道与顶管连接处断面各最大内力值对比

第 7 章　示范工程应用和实施效果

上海市轨道交通 14 号线静安寺站是顶管法修建地铁车站主体在国内软土地区的首个示范工程，开工以来进展顺利，并于 2021 年 12 月 30 日正式通车运营。图 7-1～图 7-3 所示为周边环境和施工现场情况。

图 7-1　车站明挖基坑期间延安路高架状况

充分收集示范工程中管节内力分布情况，为后续顶管通道设计积累原始数据。顶管钢结构应力主要通过在截面内、外侧布置钢板应变计进行测试。通过应变花可以取得测点各方向的应变。钢板应变测点布置如图 7-4 和图 7-5 所示，分别为顶管顶部、底部、左、右两侧腰部以及左上角、右下角 2 个肩部。每个截面内、外侧共布置 6 组钢板应变计组成的应变花，分别布置于背板和肋板的内侧。每组应变花包括 1 个环向应变计（编号 G HN-n）、1 个纵向应变计（编号

G ZN-n）和 1 个 45°应变计（编号 G XN-n）。单环测试管节环向、纵向、45°钢板计各 36 个，共计 108 个。

图 7-2 车站明挖基坑期间周边环境

图 7-3 下行线站台层顶管通道夜间施工现场

通过对下行线站台层通道钢管节应力实测结果，可根据材料力学公式折算为弯矩，为便于对比分析，与理论计算弯矩值合并绘制于同一张图，如图 7-6 所示。实测结果表明，除顶部跨中弯矩实测值显著小于理论值，其余均为实测值大于理论值,其中,顶管肩部弯矩实测值与理论值最接近,差距仅为4%,底部跨中弯矩实测值与理论值偏差最大,约为28%。考虑到全环截面相同,实测最大弯矩值未超过原设计理论弯矩最大值,经复核,管节截面承载力、抗弯刚度均满足要求。鉴于全环弯矩分布特点,今后类似工程计算中,应对地基弹簧刚度做进一步修正,以使理论计算值与实测值契合度更好。如图7-7所示,截至2022年1月7日延安路高架桥最大沉降仅为3.4mm,人行天桥最大沉降仅为3.7mm,均满足保护要求,说明相关技术措施是安全有效的。

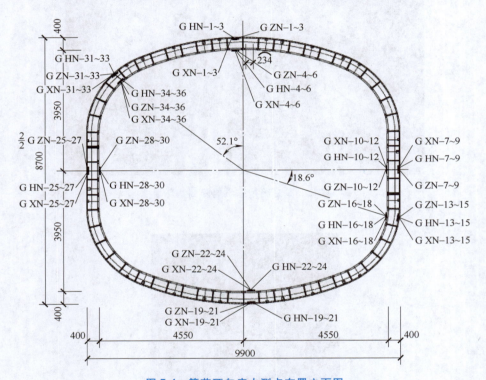

图7-4 管节环向应力测点布置立面图

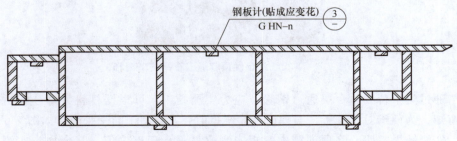

图7-5 管节环向应力测点布置断面图

第 7 章 示范工程应用和实施效果

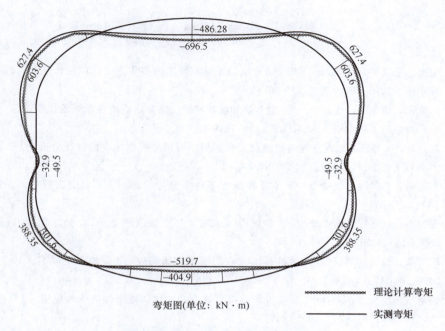

图 7-6 管节实测弯矩与计算弯矩对比图

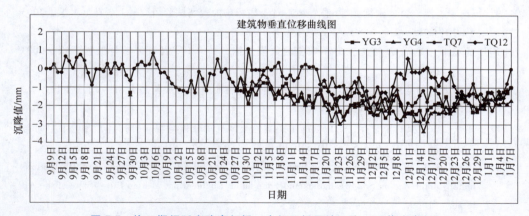

图 7-7 施工期间延安路高架桥、人行天桥累计沉降（正值为隆起）

参 考 文 献

[1] 王凯, 张成平, 王梦恕. 分离式暗挖地铁车站结构断面型式正交优化设计 [J]. 土木工程学报, 2015, 48 (S1): 357-361.

[2] 刘维宁, 路美丽, 张新金, 等. 盾构法和浅埋暗挖法结合建造地铁车站的模型试验 [J]. 岩石力学与工程学报, 2009, 28 (8): 1629-1639.

[3] 姚宣德, 王梦恕. 地铁浅埋暗挖法施工引起的地表沉降控制标准的统计分析 [J]. 岩石力学与工程学报, 2006, 25 (10): 2030-2035.

[4] 李鸿博, 高广运, 王立明. 深层搅拌桩施工挤土效应分析 [J]. 岩土工程技术, 2005 (4): 200-203.

[5] 倪黎明, 朱正锋, 谢弘帅. 搅拌桩坑内加固施工挤土效应研究 [J]. 地下工程与隧道, 2006, 3: 26-29.

[6] 李志高, 曾远, 刘国彬. 搅拌桩挤土效应的现场试验研究 [J]. 地下空间与工程学报, 2008, 4 (3): 448-452.

[7] 付艳斌, 廖少明, 朱合华. 搅拌桩加固挤土效应及在地铁隧道保护中的应用 [J]. 岩土力学, 2009, 30 (7): 2005-2010.

[8] 赵志峰, 邵光辉. 顶管施工的三维数值模拟及钢管壁厚的优化 [J]. 地下空间与工程学报, 2013, 9 (1): 161-165.

[9] 冯海宁, 温晓贵, 魏纲, 等. 顶管施工对土体影响的现场试验研究 [J]. 岩土力学, 2003 (5): 781-785.

[10] 黄宏伟, 胡昕. 顶管施工力学效应的数值模拟分析 [J]. 岩石力学与工程学报, 2003 (3): 400-406.

[11] 张治国, 张孟喜, 王卫东. 顶管推进引起施工场地竖向附加荷载分析 [J]. 岩土力学, 2014, 35 (S2): 121-128.

[12] 郑跃, 丁文其, 陈立生. 受顶管施工影响的土体扰动分析与实测研究 [J]. 地下空间与工程学报, 2010, 6 (5): 1015-1020.

[13] PECK R B. Deep excavations and tunneling in soft ground [C] //Proceeding of 7th International Conference on Soil Mechanics and Foundation Engineering. Mexico City: State of the Art Report, 1969.

[14] LOGANATHAN N, POULOS H G. Analytical prediction for tunneling-induced ground movement in clays [J]. Journal of Geotechnical and Geoenvironmental Engineering, 1998, 124 (9): 846-856.

[15] 魏纲. 顶管工程土与结构的性状及理论研究 [D]. 杭州: 浙江大学, 2005.

[16] 朱合华, 陶履彬. 盾构隧道衬砌结构受力分析的梁: 弹簧系统模型 [J]. 岩土力学, 1998 (2): 26-32.

[17] 丁峻宏, 金先龙, 郭毅之, 等. 盾构隧道地震响应的三维数值模拟方法及应用 [J]. 岩

土力学与工程学报，2006（7）：1430-1436.

[18] 朱合华，杨林德，丁文其. 盾构隧道衬砌的梁：接头模型与水土压力的反演推定[C]//中国土木工程学会. 地铁专业论文集，1998.

[19] 中华人民共和国住房和城乡建设部. 组合结构设计规范：JGJ 138—2016［S］. 北京：中国建筑工业出版社，2016.

[20] JOHNSON R P. Composite structures of steel and concrete［M］. 3rd ed. Oxford：Blackwell Publishing，2004.

[21] 彭立敏，王哲，叶艺超，等. 矩形顶管技术发展与研究现状［J］. 隧道建设，2015，35（1）：1-8.

[22] 胡昕，黄宏伟. 相邻平行顶管推进引起附加荷载的力学分析［J］. 岩土力学，2001（1）：75-77.

[23] 樊振宇，黄宏伟，薛亚东，等. 小间距平行顶管推进引起附加荷载的力学效应分析［C］//中国岩石力学与工程学会. 第十届全国岩石力学与工程学术大会论文集，2008.

[24] 刘祥. 两平行近距顶管施工开挖数值模拟分析［J］. 低温建筑技术，2017，39（2）：89-91.

[25] 徐显奇，廖建三. 基于FLAC-3D软件的顶管施工数值模拟分析方法探讨［J］. 广东土木与建筑，2008（7）：49-53.

[26] 魏纲，余振翼，徐日庆. 顶管施工中相邻垂直交叉地下管线变形的三维有限元分析［J］. 岩石力学与工程学报，2004（15）：2523-2527.

[27] 余剑锋，廖建三. 顶管施工过程中地层变形的三维有限元模拟［J］. 广州建筑，2006（2）：14-17.

[28] 牟建华. 上海市区某大型顶管工程引起道路沉降的有限元分析与监测［J］. 工程勘察，2013，41（2）：9-12.

[29] 陈育民，徐鼎平. FLAC/FLAC3D基础与工程实例［M］. 2版. 北京：中国水利水电出版社，2013.

[30] 上海市城乡建设和交通委员会. 地下铁道建筑结构抗震设计规范：DG/TJ 08-2064—2009［S］. 上海：同济大学出版社，2009.

[31] 俞海勇，鞠丽艳. 上海城市轨道交通工程混凝土结构耐久性设计与实践［J］. 地下工程与隧道，2009（S1）：14-17.

[32] 韩濛. 钢顶管工程外防腐技术的研究与应用［J］. 净水技术，2013，32（3）：67-71.

[33] 胡宏良. 青草沙大口径钢管顶管外防腐技术介绍［J］. 给水排水，2010，46（7）：55-59.

[34] 阎秋霞. 两种大管径钢管顶管防腐涂层材料的应用分析［J］. 吉林水利，2012（4）：60-62.

[35] 殳召锋. 钢管顶管接口快速防腐技术［J］. 化学建材，2009，25（1）：5-6.

[36] 朱合华，顾赟，丁文其，等. 青草沙水源地原水工程输水隧道衬砌管片接头试验［C］//中国土木工程学会，中国公路学会，中国岩石力学与工程学会. 第五届中日盾构隧道技术交流会论文集，2013.

[37] 俞海勇，王琼，张贺. 上海轨道交通地下工程混凝土结构耐久性设计 [J]. 中国市政工程，2008（5）：56-58.

[38] 苏玉堂. 乙烯基酯树脂及其玻璃钢的性能和应用 [J]. 热固性树脂，1988（1）：39-48.

[39] 周润培，侯锐钢，王晓东，等. MFE 乙烯基酯树脂及其在防腐蚀领域的应用研究：Ⅲ [J]. 玻璃钢/复合材料，2003（1）：35-36.

[40] 张硕. 输水工程钢顶管内防腐材料性能试验研究 [J]. 城市道桥与防洪，2015（12）：180-182.

[41] 陈宏，胡建国. 暗挖地铁车站建筑设计方法探析 [J]. 地下空间与工程学报，2010，6（5）：1001-1008.